汉语近义词学习手册

（初级）

练习及参考答案

赵新
李英　编著
洪炜

商务印书馆
The Commercial Press

目　录

练习 ·· 1

A
矮　低　短	1
爱　喜欢	2
爱好　喜欢	2
爱好　兴趣	3

B
吧　吗	4
帮忙　帮助	5
被　叫　让	6
比　比较	7
必须　一定	7
别　不要	8
别的　其他	9
别客气　不客气	10
病　生病	10
不　没	11
不比　没有	12
不对　错	13
不同　不一样	14

不一会儿　一会儿	14
不再　再不	15

C
才　就	16
才　只	17
差　坏	18
长远	19
长久	20
常常　经常	21
词　词语	21
次　回	22
除了……都……　除了……也……	23
除了……还……　除了……也……	24

D
打开　开	25
打算　想	26
打算　准备	27
的　地　得	28

地点 地方	28	跟……一样 像……一样	44
点 点钟	29	更 还	45
懂 明白	30	关心 照顾	46
锻炼 运动	30	国 国家	46
对 跟	31	国外 外国	47
对 双	32	~过来 ~过去	48
对 向	33	过去 以前	48
多 多么	34	过 了	49
多少 几	34		

E

二 两	35

F

发现 看见	36
房间 房子	37
房子 家	38
非常 极	38
肥 胖	39
分 分钟	40

G

高兴 快乐	41
个 位	41
给 为	42
跟 和	43

H

还是 或者	51
孩子 小孩儿	52
害怕 怕	52
~好 ~完	53
好不容易 好容易	54
好看 漂亮	55
很 真	55

J

极 最	56
急 着急	57
记得 记住	58
简单 容易	59
见 见面	59
讲 说	60
讲话 说话	61

叫　让　使	62	那　那么	78
教师　老师	63	那边　那里　那儿	78
教室　课堂	64	那么　那样	79
街道　路	64	那么　这么	80
结束　完	65	能　会	81
旧　老	66	能　可以	82
就要　快要	66	年　岁	83
		年轻　年青	83
K		努力　认真	84
看　见	67	女的　女人	85
看　看到　看见	68		
考　考试	69	**P**	
		普通　一般	86
L			
来　去	70	**R**	
老是　总是	71	然后　以后	87
了解　知道	72	认识　知道	88
		认为　觉得	89
M		认为　以为	90
慢慢　越来越……	73	日　号	90
没关系　没什么　没事儿	74	日　天	91
每天　天天	75		
明白　清楚	76	**S**	
		时候　时间	92
N		事　事情	93
那　那儿	77	睡　睡觉	94

T

他 她 它	95
太 真	96
听 听到 听见	97
同学 学生	97

W

完 完成	98
忘 忘记	99
为 为了	100
为了 因为	101

X

希望 愿意	102
希望 祝	103
~下来 ~下去	104
相同 一样	104
想要	105
想 愿意	106
想出来 想起来	107
小时 钟头	108
小心 注意	109
新 新鲜	109

需要 要	110
学 学习	111

Y

要 要求	112
也 又	112
一点儿 一些	113
一点儿 有点儿	114
一块儿 一齐 一起	115
一些 有些	116
一直 总是	117
有的 有些	117
有点儿 有些	118
又 再	119
越……越…… 越来越……	120

Z

在 正在	121
怎么 为什么	122
怎么 怎么样	123
中 中间	124
重要 主要	124
住 住在	125

参考答案 ········ 127

练　习

A

矮　低　短

一、选择合适的词语填空：
1. 罗西比阿里高一点儿，大卫比阿里_____一点儿。
2. 这张桌子有点儿_____。
3. 一年的学习时间太_____了，我想再学一年。
4. 安娜的口语水平比丽莎_____。
5. 这次考试我没考好，分数比较_____。
6. 这里过去的_____房子已经没有了，都变成楼房了。

二、把合适的词语放在正确位置上：
（低　短）
1. 这条绳子有点儿__A__，换一条__B__吧。
2. 他的__A__工资比我的工资__B__得多。
3. 这条__A__裙不错，你穿__B__一定很好看。
4. 这次__A__听力考试我比阿里__B__两分。
5. 水从高处__A__流向__B__处。
6. 我这次在广州__A__停留的时间很__B__。

7. 玛丽是长__A__头发，我是__B__头发。

爱　喜欢

一、选择合适的词语填空：
1. 妈妈是个_____热闹的人。
2. 小明很_____小动物。
3. 我_____这种手机，你_____吗？
4. 四川人_____吃辣的，山西人_____吃酸的。
5. 北京的春天_____刮风。
6. 如果你深_____她，就要为她着想。
7. 这里最近特别_____堵车。
8. 这件衣服的颜色你_____吗？
9. 他真心希望能得到那位姑娘的_____。

二、选择合适的词语填空：
（爱　爱上　爱着　喜欢　不喜欢　喜欢不喜欢）
1. 每个人都应当_____自己的父母，_____自己的国家。
2. 小华最_____邓丽君的歌。
3. 小李_____了一个韩国女孩。
4. 你_____吃面条，那咱们吃米饭吧。
5. 我深深地_____我的家乡。
6. 你_____喝咖啡？

爱好　喜欢

一、选择合适的词语填空：
1. 安娜_____玫瑰，玛丽不_____玫瑰。

2. 老师特别_____这个学生。
3. 告诉我，你有什么_____吗？
4. 阿里_____音乐，也_____运动。
5. 你别相信他的话，他_____骗人。
6. 我_____北京，也_____杭州。
7. 你知道阿里_____什么吗？
8. 他_____干净。

二、选择合适的词语填空：
1. 我特别_____小猫。
   （A. 很爱　B. 喜欢　C. 爱好）
2. 我_____简单，不_____复杂。
   （A. 爱着　B. 喜欢　C. 爱好）
3. 我不知道他到底_____什么颜色。
   （A. 非常爱　B. 喜欢　C. 爱好）
4. 他_____生气，经常不高兴。
   （A. 爱　B. 不喜欢　C. 爱好）
5. 李明_____上了一个姑娘，但不好意思说。
   （A. 爱　B. 很喜欢　C. 爱好）
6. 她_____发脾气，所以她的朋友很少。
   （A. 爱好　B. 不爱　C. 喜欢）

爱好　兴趣

一、选择合适的词语填空：
1. 他对这里的东西都不感_____。
2. 老师鼓励我们要根据自己的_____选择专业。
3. 你对太极拳有没有_____？

4. 他最_____什么？是音乐还是体育？
5. 他最大的_____就是下围棋。
6. 我_____体育，特别是足球。

二、选择合适的词语填空：
（爱好　兴趣　爱　喜欢）
1. 我一到秋天，就_____感冒。
2. 你_____吃香蕉还是苹果？
3. 我_____这套黑色的沙发。
4. 你对中国的京剧有_____吗？
5. 这里的每一样东西都引起了他极大的_____。
6. 我知道他_____什么，我告诉你。
7. 踢足球、打篮球、听音乐，这些他都_____。
8. 我的_____很多，很广。

B

吧　吗

一、选择合适的词语填空：
1. 这里风景很美，我们照张相_____！
2. 既然要我说，我就说几句_____。
3. 张老师在教室里_____？
4. 你难道不认识李老师_____？
5. 你真的没看到玛丽_____？
6. 刚才讲的那个问题，你听明白了_____？

7. 说_____，不知道说什么；不说_____，又不行。
8. 这件事我不是已经告诉你了_____？

二、选择合适的词语填空：
（吧　吗　呢）
1. 下午咱们一起去图书馆_____。
2. 我们班有30人，你们班有多少人_____？
3. 你到底来不来_____？
4. 你真的会打篮球_____？
5. 快点儿走_____，要迟到了！
6. 你们在说什么_____？
7. 那好_____，咱们明天上午九点见！
8. 你不是说今天去北京_____？怎么还没走？

帮忙　帮助

一、选择合适的词语填空：
1. 王强是个热心人，经常_____同学。
2. 听说小王星期天搬家，你去不去给他_____？
3. 你_____我，我_____你，大家互相_____。
4. 在这个关键的时刻，他_____了我。
5. 他_____过我，我不会忘记他。
6. 在我最困难的时候，李林给了我很多_____。
7. 在大家的_____下，阿里的口语有了很大进步。
8. 今天来_____的人很多。
9. 你一个人做得完吗？需要我_____吗？

二、选择合适的词语填空：
（帮忙　帮助　帮你什么忙　帮我一个忙　帮个忙）

A：阿里，能__1__吗?

B：没问题，要我__2__呢?

A：我明天搬家，你能来给我__3__吗?

B：好的。我明天一定去__4__。

A：阿里，谢谢你！

B：别客气！咱们是同学，应该互相__5__。

被 叫 让

一、选择合适的词语填空：

1. 昨天夜里，我_____雷声惊醒了。
2. 我们不能_____困难所吓倒。
3. 看见这情景，我们都_____惊呆了。
4. 窗户_____风吹开了，好冷啊！
5. 那个小偷终于_____抓住了。
6. 安娜_____我告诉你，她一个小时后才能来。
7. 前天晚上，我的自行车_____偷走了。
8. 阿里，麦克_____你马上去图书馆。

二、把合适的词语放在正确位置上：

（被 叫 让）

1. 几十年来，这首歌曲一直__A__人们__B__所喜爱。
2. 安娜__A__今天去书店，我__B__她帮我买一本书。
3. 冰箱里的水果都__A__小明__B__吃完了。
4. 李华因为__A__迟到，__B__批评了几句。
5. 我的钥匙今天__A__弟弟弄__B__丢了。
6. 今天__A__风真大，路上几棵树都__B__吹倒了。

比　比较

一、选择合适的词语填空：

1. 我今天下班_____早，可以去跑跑步。
2. 这两部电影_____起来，我还是更喜欢这一部。
3. 你俩_____一_____，看谁跑得快。
4. 这本书的价钱_____那本书贵。
5. 广东队今天三_____二战胜了广西队。
6. 我觉得学校里的商店东西_____贵。
7. 我的口语_____不上玛丽，但汉字比她写得好。

二、用"比"或"比较"填空：

我和阿里是同屋，我们现在一起在中山大学学习汉语。中山大学开学__1__早，2月20号就开学了。阿里2月18号到学校，我__2__他晚一天到学校。他晚上睡得__3__晚，但早上总能七点起床，非常准时，我有时候和他开玩笑，说他__4__闹钟还准。阿里学习__5__我认真，__6__我努力，所以成绩也__7__我好。

必须　一定

一、选择合适的词语填空：

1. 这次晚会，每个班_____表演一个节目。
2. 病人情况很危险，_____马上送医院。
3. 他的病和经常不吃早饭有_____的关系。
4. 老师，我们明天_____能完成任务。
5. 这次我_____能通过HSK6级。
6. 学校规定，不来上课_____要请假。

二、用"必须"或"一定"填空：

A：阿里，明天晚上公司的卡拉OK比赛，你打算去看吗？

B：我还没想好呢，你呢？

A：我去啊！玛丽也报名参加比赛了。

B：真的吗？那你__1__去！她是你女朋友，她__2__很希望你去给她加油。

A：嗯，我__3__会去的。你到时也去给她加油吧！

B：没问题，我到时__4__去！对了，听说玛丽是音乐学院毕业的？

A：不是，她妈妈是音乐学院的老师。她小的时候在音乐方面受过__5__的训练，所以唱歌很好听。

B：原来是这样。那我明天晚上__6__不能错过。

A：哈哈！那明天见！对了，明晚人__7__很多，你__8__早点儿去，否则就找不到座位了。

别　不要

一、选择合适的词语填空：

1. 我_____糖，要盐。
2. _____着急，我来帮你！
3. 你_____太伤心了。
4. 千万_____抽烟了，对身体不好。
5. 请_____在公共场所吸烟！
6. _____乱扔垃圾！

二、选择合适词语填空：

（不　别　不去　别去　不要　不想）

1. 玛丽_____在宿舍，在图书馆呢。

2. 你_____相信她的话，她是和你开玩笑呢！
3. 大卫这次只去北京，_____上海。
4. 我给他钱，他_____。
5. 你感冒了，需要好好休息，就_____了！
6. 我现在还_____找工作，还想再学习一段时间。
7. 考场之内，_____大声说话！

别的　其他

一、选择合适的词语填空：

1. 你还想买点儿_____吗？
2. 就这个房间空着，_____都住人了。
3. 除了小王，_____的人都不知道这件事。
4. 这些书我只留一本，_____几本给阿里吧。
5. 弟弟就是英语差一点儿，_____课都考得不错。
6. 今天只说考试的事，_____的以后再说。
7. 不想喝牛奶，喝点儿_____吧。
8. 今天就做这些题，_____题明天再做。
9. 你只写一个，_____三个我来写吧。

二、把合适的词语放在正确位置上：

（别的　其他）

1. 我只知道他是韩国人，__A__都不知道__B__。
2. 丽丽是泰国人，__A__的都是__B__越南人。
3. 别说__A__考试的事了，说点儿__B__吧。
4. __A__除了阿里，__B__的同学都及格了。
5. 除了北京，__A__的城市我__B__都没去过。

别客气　不客气

一、选择合适的词语填空：
1. 今天上班我迟到了，老板很_____地批评了我。
2. 你在我家千万_____，多吃点儿。
3. _____地讲，公司目前在管理上还存在一些问题。
4. 如果你做得不对，我也会对你_____。
5. 如果有同事对你说话很_____，你怎么办？
6. A：金明，多谢你帮了我的忙！B：_____。
7. _____，大家随便坐。
8. 这是我从老家带来的一些小吃，请_____。

二、选择合适的词语填空：
（别客气　不客气　很不客气　客气　很客气）
1. 这么一点儿小东西，你就不要跟我_____了。
2. 她对人说话怎么这么_____？一点儿礼貌也没有。
3. 你_____了，快收下吧。
4. 我打电话过去，对方的态度_____，气死我了。
5. 经理说话_____，很快帮我们解决了问题。

病　生病

一、选择合适的词语填空：
1. 小娜身体不好，经常_____。
2. 孩子_____了，我得带他去看_____。
3. 在我_____的时候，李兰一直在身边照顾我。
4. 听说这次王飞_____得很重，请了一个月假。
5. 这是医院里的_____房，需要安静。

6. 他＿＿＿＿了两个星期了，你不知道？
7. 你＿＿＿＿了这么长时间，怎么不去医院看看？
8. 奶奶＿＿＿＿得很重，我要回去看她。

二、把下列词语整理成完整的句子：

1. 去年　我　生病　一场　了

　＿＿＿＿＿＿＿＿＿＿＿＿＿＿＿＿＿＿＿＿＿

2. 我　小时候　生病　过　一场　大

　＿＿＿＿＿＿＿＿＿＿＿＿＿＿＿＿＿＿＿＿＿

3. 他　病　了　了　月　已经　一个

　＿＿＿＿＿＿＿＿＿＿＿＿＿＿＿＿＿＿＿＿＿

4. 不　就　锻炼　经常　容易　生病

　＿＿＿＿＿＿＿＿＿＿＿＿＿＿＿＿＿＿＿＿＿

5. 我　知道　刘梅　生病　了　不

　＿＿＿＿＿＿＿＿＿＿＿＿＿＿＿＿＿＿＿＿＿

不　没

一、选择合适的词语填空：

1. ＿＿＿＿着急，你慢慢说。
2. 苹果还＿＿＿＿红，不能摘！
3. 昨天晚上＿＿＿＿下雨。
4. 这里从来＿＿＿＿堵车。
5. 明天这个时候，我还＿＿＿＿下课呢。
6. 这几天我＿＿＿＿舒服，在家休息。
7. 我从＿＿＿＿去过中山大学。
8. 今天的月亮＿＿＿＿圆。

二、用"不"或"没"填空：

1. A：今天麦克__1__来上课，你知道他为什么__2__来上课吗？

   B：我__3__知道，我今天__4__见到他。

   C：我知道，麦克生病了，他今天__5__能来上课了。

2. A：你看到玛丽了吗？

   B：__6__看到，你在等玛丽吗？

   A：是的，我等了半天，她还__7__来。

   B：别等了，玛丽可能__8__会来了。

3. A：你去过非洲吗？

   B：我__9__去过非洲，你也__10__去过吧？

   A：我也__11__去过，想暑假去，可爸爸就是__12__同意。

不比　没有

一、选择合适的词语填空：

1. 这间房_____那间小，你就住这间吧。
2. 我_____你这么高。
3. 他并_____你矮多少。
4. 这个房间_____那个房间大多少。
5. 他的能力的确_____你强，你比他强多了。
6. 安娜的口语_____玛丽那么好。

二、选择合适的词语填空：

（不　没　不比　没有）

1. 你的成绩_____他差。
2. 这种手机_____那种便宜多少。
3. 这个问题一点儿也_____复杂，几句话就说清楚了。

4. 这件事我到现在还_____知道呢。
5. 你的成绩_____他那么差。
6. 我_____你那么聪明，也_____玛丽那么漂亮。
7. 我从来_____听说过这个人。
8. 这件事我知道，但就是_____告诉你。

不对　错

一、选择合适的词语填空：
1. 你这个字_____得不应该！
2. 以后我有什么做得_____的地方，请告诉我。
3. 知道_____了就要改。
4. 你这样回答肯定是_____的。
5. 这篇文章有一些_____，你能找出来吗？
6. 这都是我的_____，请你原谅。
7. 刚买的耳机，好像哪里有些_____。
8. 我听_____了，我把"10"听成了"4"。

二、选择合适的词语填空：
（出错　写错　没错　错字　做得不对　不对之处）
1. 他把自己妻子的名字都_____了。
2. _____，他就是你要找的刘大军。
3. 小王做事很马虎，经常_____。
4. 他是_____，但你也不应该打他。
5. 这篇作文有很多_____，你改一改。
6. 这是我的看法，_____请提出来。

不同　不一样

一、选择合适的词语填空：

1. 他的回答每次都_____。
2. 中国有56个_____的民族。
3. 我们生长在_____的地方，他是北方人，我是南方人。
4. 这两个房间_____大。
5. 他们两个虽然是兄弟，但性格完全_____。
6. 玛丽和丽莎来自_____国家。
7. 对这个问题，我有_____的看法。

二、把合适的词语放在正确位置上：

（不同　不一样）

1. 我们坐同__A__一趟车，不过车厢__B__，我是8号车厢，他是12号车厢。
2. __A__心理学家对86个__B__性格的人进行了一系列实验。
3. __A__的民族风俗习惯__B__当然会有不同。
4. 请你说说__A__"本人"和"自己"有什么__B__。
5. 这两个__A__箱子肯定__B__重，不信你来称一称。
6. 我需要两根__A__长__B__的绳子，一根2米，一根1.5米。

不一会儿　一会儿

一、选择合适的词语填空：

1. 他_____说去西安，_____说去杭州，谁知道他到底要去哪儿。

2. 我马上就到，你等我_____，好吗？

3. 这茶用开水泡_____就可以了。

4. 你看，天上的白云_____像一只只羊，_____又像一座座山。

5. 我们一起动手，_____，就把教室打扫干净了。

6. 他们边走边聊，_____就到家了。

7. _____，一桌饭菜就做好了。

8. 我_____才能回家，你们先吃饭吧，别等我。

二、选择合适的词语填空：

（一会儿　不一会儿　一下　一次　一回）

1. 别叫他，让他睡_____。

2. 他朝我点了_____头，笑了笑。

3. 北京我只去过_____。

4. 你先坐_____，王老师马上就来。

5. 他坐上车，_____，就到了医院。

6. 别着急，_____我就告诉你。

7. 明天上午还有_____考试，你准备好了吗？

8. 这只小鸟_____飞到树上，_____落到草地上。

不再　再不

一、选择合适的词语填空：

1. 我以后决_____相信他的话。

2. 他的朋友已经_____相信他了。

3. 他们_____提那件事了。

4. 这些苹果都_____结果了，真可惜。

5. _____下雨，就会出现旱灾了。

6. 我决定_____想出国的事情了。

7. 他生气了,后来就_____给我打电话了。

8. 你赶快去,_____去,他们就不等你了。

二、把合适的词语放在正确位置上:

(不再 再不)

1. 你要赶快锻炼, A 锻炼,身体 B 会越来越差。

2. 这些药一定要继续吃,如果 A 吃药,病 B 又会再犯。

3. 时间 A 过去了,就 B 回来了。

4. 我们保证 A 以后决 B 为这么小的事情吵架。

5. 他临走时说以后 A 永远 B 回来。

6. 已经八点多了, A 走,就要 B 迟到了。

C

才 就

一、选择合适的词语填空:

1. 我很快_____找到那个地方了。

2. 北京我_____去过一次,我还想再去一次。

3. 都八点了,你怎么_____来啊。

4. 我第一次见面_____喜欢上他了。

5. 你们两天_____学了一课,我们一天_____学了两课。

6. 我一到家_____给你打电话。

7. 你的病_____好，要注意休息。
8. 你等一下，他马上_____回来了。
9. 你没看见吗？玛丽_____在前面！

二、用"才"或"就"填空：
1. A：你怎么___1___来！看看时间，几点了？
   B：对不起，我八点___2___出门了。但是路上塞车，所以现在___3___到。
2. A：现在___4___十点，你怎么___5___想睡觉了？
   B：昨天晚上加班，写材料写到一点多___6___写好，今天八点不到___7___赶到公司开会，一共___8___睡了四五个小时。
3. A：你___9___进大学没多久，怎么___10___谈恋爱了？
   B：我已经19岁了，怎么___11___不可以谈恋爱呢？我们班40多个人，谈恋爱的___12___有二三十个人呢。

才 只

一、选择合适的词语填空：
1. 她昨晚睡得太晚，今早九点_____起床。
2. 你怎么_____喝酒，不吃菜？
3. 他35岁_____结婚，孩子_____6岁。
4. 作业不多，我_____用了半个小时就做完了。
5. 我们学院_____收外国学生，不收中国学生。
6. 我们_____三个人，吃不了这么多。
7. 我_____喝茶，不喝别的。

8. 这部手机我昨天_____买的。

二、把合适的词语放在正确位置上：

（才 只）

1. 他学得很快，__A__花了__B__三个月就学会了。
2. 你不能__A__想着自己，不__B__为别人考虑。
3. 现在都十点了，你__A__怎么__B__来？
4. 他这次考试__A__考了__B__70分，很不高兴。
5. 这件事__A__有我__B__一个人知道，我不会告诉别人。
6. 我昨晚加班，__A__十二点__B__睡。
7. 现在城市里的很多家庭都__A__有__B__一个孩子。
8. 这次比赛，他__A__比第一名少了__B__两分。

差 坏

一、选择合适的词语填空：

1. 干了一天的活儿，他累_____了。
2. 他的态度比昨天更_____了。
3. 小丁的阅读能力不错，口语比较_____。
4. 他是我们公司能力最_____的一个。
5. 冰箱里的菜已经放_____了，不能吃了。
6. 他的身体比以前更_____了。
7. 你这个_____脾气什么时候才能改呀！
8. 哎呀，你怎么把我的电脑弄_____了！

二、选择合适的词语填空：

（坏 差 不差 不好 不坏 没坏）

1. 老林的身体_____。

2. 告诉你一个_____消息。
3. 这次考试他虽然没复习，但考得并_____。
4. 这个人_____，就是脾气急。
5. 这种手机虽然便宜，但是质量太_____。
6. 手机摔了一下，但_____，还能用。

长　远

一、选择合适的词语填空：
1. 这条裙子太_____了，我穿不好看。
2. 时间_____了，这件事我记不清了。
3. 我上班不_____，走路去就行。
4. 人生的路还很_____，这点儿痛苦不算什么。
5. 你们就在附近玩，别走_____了。
6. 我住得_____，每天上班都得很早起。
7. 从我家到学校，距离不算_____，但经常堵车。
8. 我想知道怎样让小腿变细变_____？
9. 今天已经是12月10号了，离圣诞节不_____了。

二、选择合适的词语填空：
（远远　远远的　长长的　多长　多远　两米长）
1. 大象的鼻子_____，真可爱。
2. 你最好离我_____，我不想见到你。
3. 我_____看见一个人向我跑过来。
4. 你知道这座桥有_____吗？
5. 去你上班的地方有_____？
6. 这块布有_____，可以做条裙子吗？

长 久

一、选择合适的词语填空：

1. 你起来活动活动，坐_____了，对身体不好。
2. 很_____以后，我才发现自己误会了他。
3. 我等了很_____，才买到一张票。
4. 你的头发又_____了，该理一理了。
5. 一年的时间我不觉得_____。
6. 我们以后还有很_____的路要走。
7. 我们昨晚聊得太_____了，快一点才睡觉。

二、用"长""久"或"远"填空：

1. A：不好意思，迟到了，让你___1___等了。

   B：没事，我也刚到，没等多___2___。

   A：我是走过来的，今天等车等不到，我就走路。还好，我家离这儿不太___3___。

2. A：你学汉语学了多___4___时间了？

   B：不___5___，一年多。

   A：你汉语说得很不错。

   B：谢谢。我每天都学习很___6___时间，练汉字，跟中国人练口语。

3. A：你每天都开车送孩子去学校吗？

   B：没办法，学校离我家太___7___，孩子自己坐车的话，路上花的时间太___8___。

   A：我家离地铁站不___9___，我让孩子自己坐地铁去。

常常　经常

一、选择合适的词语填空：
1. 我爷爷_____去爬山，身体可好了！
2. 坚持打太极拳以后，安娜不_____感冒了。
3. _____听新闻，有助于提高听力水平。
4. 我们几个人_____在一起讨论问题。
5. 这种事_____发生，没什么奇怪的。
6. 这孩子身体不好，发烧感冒是_____的事。
7. 他上课迟到是_____的。

二、选择合适的词语填空：
（不经常　经常不经常　常常吃　经常见面　经常复习）
1. 这种菜我们_____。
2. 最近怎么_____见阿里，他在忙什么呢？
3. 你_____去看电影？
4. 生词要_____，才能记住。
5. 我和金玲住得很近，我们_____。

词　词语

一、选择合适的词语填空：
1. 学过的_____要经常复习才能记住。
2. 请打开书，现在我们来做_____练习。
3. 老师先讲解_____，然后做练习。
4. 我来讲一讲"打"这个_____的用法。
5. 这些_____都是常用的，一定要记住。
6. 今天我们学习了20个_____。

7. "个"是什么_____？是名词吗？
8. 这个_____是动词还是形容词？

二、选择合适的词语填空：

（词语练习　词的用法　词的读音　多少生词　常用词语）

1. 请您再讲讲这个_____吧。
2. 这些_____比较难，需要多读多练习。
3. 这些_____，你们一定学过吧？
4. 今天我们做_____，下次课做语法练习。
5. 你们认为每节课学_____比较合适？

次　回

一、选择合适的词语填空：

1. 我好几_____出门都忘了带钱包。
2. 明天咱们对这个问题再进行一_____讨论。
3. 我问过他两_____，他都说不知道。
4. 我去过两_____北京。
5. 这是怎么_____事？
6. 有这_____事？我怎么不知道？
7. 不好意思，让你跑了几_____。
8. 上一_____去北京没见到张老师。
9. 经过多_____试验，科学家找到了原因。
10. 老师再给你一_____机会。

二、选择合适的词语填空：

（一次　一回　一下　一会儿）

1. 你等我_____，我马上就来。
2. 你帮我拿_____箱子，好吗？

3. 我想暑假再去_____长城。
4. 这_____口语课特别有意思。
5. 骄傲和自信不是_____事。
6. 让他休息_____吧,他太累了。
7. 刚开学的时候,学校进行了_____考试。

　　　　除了……都……　　除了……也……

一、选择合适的词语填空:
1. _____买食品外,我_____要买一些用品。
2. _____会说汉语和英语,明子_____会说俄语。
3. 她_____发烧,_____咳嗽、呕吐。
4. _____足球,我什么运动_____喜欢。
5. _____足球,我什么运动_____不喜欢。
6. _____星期三之外,我们天天_____有课。
7. _____韩国,日本我_____去过。
8. _____玛丽,安娜_____是俄罗斯人。
9. _____小华,我谁_____不认识。

二、改写句子,用上括号里的词语:
1. 其他地方我都去过了,只有西藏和新疆还没去过。(除了……都……)

_____

2. 我们班同学都去过北京,只有玛丽没去过。(除了……都……)

_____

3. 我们星期一和星期二有口语课,其他几天都没有口语课。(除了……都……)
___

4. 我喜欢流行音乐,也喜欢古典音乐。(除了……也……)
___

5. 他们去过北京、上海,也去过西安。(除了……也……)
___

6. 玛丽去过北京,杰克也去过北京。(除了……也……)
___

7. 这次考试,阿里考得不好,其他同学考得不错。(除了……都……)
___

8. 美国我去过,英国和法国我也都去过。(除了……也……)
___

除了……还……　　除了……也……

一、选择合适的词语填空:
1. _____韩国,日本我_____去过。
2. _____韩国,我_____去过日本。
3. _____流行音乐,古典音乐我们_____喜欢。
4. _____流行音乐,我们_____喜欢民族音乐。
5. 今天_____学习课文,我们_____做了练习。
6. _____学习之外,我_____要打工。
7. 他们_____北京、上海之外,_____去过西安和昆明。

8. _____星期一之外，星期三我们_____没有课。

二、选择合适的词语填空：

（都　还　也）

1. 除了汉语，他_____会说西班牙语。
2. 除了数学考得还可以，其他课他_____没考好。
3. 除了星期二上午不行，别的时间_____可以。
4. 除了李华，王朋_____是广东人。
5. 除了西班牙，欧洲其他国家我_____没去过。
6. 除了西班牙，我_____去过法国和德国。
7. 除了西班牙，法国和德国我_____去过。
8. 除了会说汉语和英语之外，明子_____会说俄语。
9. 除了玛丽，杰克_____去过北京。

D

打开　开

一、选择合适的词语填空：

1. 空调已经_____了。
2. 我不会_____摩托车。
3. 小宝怕黑，总是_____着灯睡觉。
4. 请_____练习册第51页。
5. 他办公室的电脑还_____着，应该还没走。
6. 外面风很大，不要_____窗户。
7. 姐姐_____冰箱，拿出了两瓶啤酒。

8. 你去把门_____。

二、选择合适的词语填空：

（开　打开　开开）

1. 你看，办公室里还_____着灯，他应该还在工作。
2. 他_____书包，发现里面有一本词典。
3. 车马上就要_____了，他怎么还没来？
4. 飞机已经降落了，手机可以_____了。
5. 这个孩子很安静，平时不喜欢_____玩笑。
6. 请你把教室的窗户_____。
7. 家里的大门被小偷_____了。

打算　想

一、选择合适的词语填空：

1. 你_____好了吗？以后_____怎么办？
2. 没_____到三月份的天气还这么冷。
3. 你_____清楚后再说。
4. 他_____大学毕业后在中国找工作。
5. 你_____喝什么？咖啡还是茶？
6. 工作很难找，我只好放弃了我的_____。
7. 别着急，我_____他一定不会有事的。
8. 能说说你以后的_____吗？

二、选择合适的词语填空：

（想一想　想清楚　很想　一个打算　我的打算　打不打算　什么打算）

1. 我现在没有_____，过一天是一天吧。
2. 听说房子还要涨，你们_____买房？

3. 我_____了，先在国内读大学，以后再去国外读书。
4. 我还要好好_____，过几天再答复你。
5. 我有_____，退休后回老家住。
6. 他_____换一个工作，但一直没合适的机会。
7. _____是，在国内读中学，在国外读大学。

打算　准备

一、选择合适的词语填空：
1. 我_____了很多下酒菜，来我家好好喝一杯。
2. 快考试了，我得好好_____一下。
3. 你这个周末_____干什么？
4. 孩子已经长大了，你也该为自己_____了。
5. 下个星期放三天假，你有什么_____？
6. 事情太突然了，我一点儿_____都没有。
7. 我假期不_____去旅游了。

二、用"想""打算"或"准备"填空：
1. A：我___1___今年暑假去英国旅游。你___2___不___3___跟我一起去？

   B：英国？好啊。我早就___4___去了。不过我还没做好___5___，签证还没办呢。

2. A：下个学期就要毕业了，你有什么___6___？

   B：现在没什么___7___，能找到工作就不错了。你呢？

   A：我很___8___考研究生，这个学期我要好好为考试做___9___。

   B：我还没___10___过要考研究生，只___11___找工作。

的　地　得

一、选择合适的词语填空：

1. 我们顺利_____通过了考试。
2. 他们又说又笑_____走了出去。
3. 阿里跑_____满头大汗。
4. 我_____书包不见了。
5. 他说汉语说_____很流利。
6. 经过一年_____努力，我终于获得了成功。
7. 有人在楼下叫库克，他急急忙忙_____跑下楼去。
8. 昨天晚上我睡_____很晚。
9. 你_____变化实在太大了，我都认不出你了！

二、用"的""地"或"得"填空：

我叫阿里。我是来自美国 1 留学生。我来广州已经快半年了。刚到广州 2 时候，我不太喜欢广州。一方面是因为广州 3 夏天热 4 要命，让我不太习惯。但更主要 5 原因是那时我 6 汉语很不好，只听 7 懂一点儿汉语，而且说 8 很不流利，所以学习和生活遇到很多 9 困难。但是，经过一个学期 10 努力，我 11 汉语水平提高了不少，上个月已经顺利 12 通过了HSK4级。现在我不但能听懂老师讲课 13 内容，而且听 14 很清楚。我想我已经慢慢 15 喜欢上广州的生活了。

地点　地方

一、选择合适的词语填空：

1. 这_____原来是一片荒山，现在变成了果园。

2. 你现在在什么_____? 我去接你。
3. 这篇小说有的_____很精彩,有的_____很没意思。
4. 两个小时后,大家在这个_____集合。
5. 我的话有些_____说得不太合适,请原谅!
6. 开会_____已经定下来了,就在201教室。

二、把合适的词语放在正确位置上:

(地方　地点)

1. 这是什么　A　? 我从来没去过　B　。
2. 你的发音　A　有些　B　还不太准确。
3. 明天早上八点出发,集合　A　就在学校大门口　B　。
4. 你是什么　A　的人? 是广东　B　人吗?
5. 我的左腿　A　这个　B　有点儿疼。
6. 请你把事故发生的　A　具体　B　告诉我们。

点　点钟

一、选择合适的词语填空:

早上六　1　　　　上午十　2　　　　上午九　3　半
八　4　一刻　　　十二　5　十分　　　五　6　二十
下午五　7　　　　晚上九　8　　　　三　9　四十
差五分八　10　

二、选择合适的词语填空:

(点　点钟)

我早上六　1　半起床,七　2　吃早饭,七　3　二十分坐车去学校,八　4　开始上课。四节课上完就十二　5　了,然后吃午饭。下午两　6　半到四　7　四十五有两节课,六　8　半回家吃晚饭,吃完饭做作业、看电视,十　9　左右睡觉。

懂　明白

一、选择合适的词语填空：
1. 这一年来，他_____了很多道理。
2. 他终于_____了，没有劳动就不会有收获。
3. 他的话你听_____了吗？
4. 他看了半天，还是不_____文章的意思。
5. 王京很_____礼貌。
6. 我实在不_____她心里是怎么想的。
7. 我终于_____了人为什么活着，应当怎样活着。
8. 你_____不_____艺术？
9. 杰克是我的朋友，我_____他。
10. 王老师已经说得很_____了，你怎么还要问呢？

二、选择合适的词语填空：
（懂不懂　很明白　不明白　明明白白　没听懂　明白　懂）
1. 这个词的用法，老师讲了几遍，可我还是_____。
2. 我已经说得_____了，我不同意！
3. 他嘴上不说，心里什么都_____。
4. 你到底_____这个词的用法？
5. 他_____西班牙语，你_____吗？
6. 我_____你为什么要这样做。
7. 这件事我们已经调查得_____了。

锻炼　运动

一、选择合适的词语填空：
1. 球类_____他都喜欢。

2. 世界是在不断_____、变化、发展的。
3. 几年的军人生活把他_____成为一个勇敢的人。
4. 你每天花多少时间_____身体？
5. 下周的_____会你参加吗？
6. 我每天下午都会去操场_____一个小时。
7. 他喜欢各种体育_____，尤其喜欢足球。

二、用"锻炼"或"运动"填空：

A：大卫，你经常 1 吗？

B：对，我每天最少 2 一个小时。

A：那你都喜欢什么 3 ？

B：各种 4 我都喜欢，比如打篮球、打羽毛球、游泳等。你呢？

A：我也喜欢打篮球。

B：那我们下次一起去打。

A：好啊，不过我的 5 鞋破了，得买新的。

B：行，等你买了鞋我们就一块儿去打吧！

A：好！我好久没 6 身体了，是该 7 一下了。

对　跟

一、选择合适的词语填空：

1. 星期天，陈文打算_____李芳去看电影。
2. 我想_____小李借几本书。
3. 大卫_____王刚比划了半天，王刚也没明白他的意思。
4. 你是什么意思，_____她说清楚啊！
5. 那次失败_____张青的影响很大。
6. 我_____中国文化很有兴趣。

7. 王朋_____李丽都在电脑公司上班。
8. 饭后散步_____身体大有好处。

二、把合适的词语放在正确位置上：

（对　跟）

1. 我打算暑假__A__玛丽__B__一起去杭州玩。
2. 这次考试__A__我__B__你差不多，都是80多分。
3. 刘老师__A__一直__B__学生要求很严格。
4. 我__A__房间的窗户__B__着一个小公园。
5. 今天张老师__A__我们讲了__B__毕业论文的要求。
6. 你__A__我有什么意见就说出来，别不理__B__我。
7. 小明__A__小志都是高中生，今年都__B__考大学。
8. 阿里__A__和大卫都在__B__李成龙学习中国功夫。

对　双

一、选择合适的词语填空：

1. 请你给我拿_____筷子来。
2. 小姑娘长着一_____明亮的大眼睛。
3. 这一_____手套我特别喜欢。
4. 张明和王丽是一_____夫妻。
5. 姐姐送给我一_____漂亮的耳环。
6. 我要买三_____袜子、两_____手套。
7. 年轻人应当用自己的_____手去创造自己的幸福。
8. 你去商店，顺便帮我买两_____5号电池。

二、选择合适的量词填空：

（个　对　双　只　套）

1. 我刚买了一_____衣服，很漂亮。

2. 我一_____眼睛近视150度，另一_____300度。
3. 鸡有一_____翅膀，鸭子也有。
4. 大家要_____腿站直，_____手伸直。
5. 我只有两_____手，拿不了那么多东西。
6. 我要买一_____枕头、两床被子。
7. 他有一_____女儿，一_____儿子。
8. 你仔细看看，这两只耳环不太一样，不是一_____。

对　向

一、选择合适的词语填空：
1. 你一直_____前走，然后_____左转。
2. 有问题，你应该_____老师请教。
3. 我现在_____情况还不太了解，不好说什么意见。
4. 小刘_____我招了招手，要我过去。
5. 他平时_____我很好，不过有时也会_____我发脾气。
6. 最近这孩子_____画画儿很有兴趣。

二、选择合适的词语填空：
（向　对　跟　从）
1. 你_____哪儿找来的这些东西？
2. 他没有回头，继续_____前走。
3. 你有空儿吗？我想_____你打听一件事。
4. 我迟到了，就_____后门悄悄走进教室。
5. 下午我要_____几个朋友一起逛街。
6. 你把最新的情况_____大家说说。
7. 老师_____我的回答非常满意。

8. 我们要_____这件事情进行调查。

多　多么

一、选择合适的词语填空：
1. 对于一个学生来说，这是_____好的机会啊！
2. 你来中国_____长时间了？
3. 山村的夜晚是_____宁静啊！
4. 山村的夜晚_____宁静啊！
5. 这个箱子大概有_____重？
6. 无论_____困难，我们都不会放弃。
7. 我的心里是_____高兴呀！
8. 我的心里_____高兴呀！

二、选择合适的词语填空：
（多　多少　多么　几）
1. 你简直无法想象结果是_____糟糕。
2. 你估计这个小孩儿有_____岁？
3. 你估计这个箱子有_____重？
4. 他们去西藏玩了十_____天。
5. 这儿的风景_____美啊！
6. 咱们带的食物还有_____？
7. 你这次在上海住了_____天？
8. 你知道情况有_____复杂吗？

多少　几

一、选择合适的词语填空：
1. 为了帮你，他不知想了_____办法！

2. 你要_____本我就给你_____本。
3. 你现在手里还有_____钱?
4. 昨天来过这里的人有_____个?
5. 你们班有_____韩国学生?
6. 你们班有_____个韩国学生?
7. 这个学期你们学了_____个生词?
8. 一堂课学了_____个单词?

二、选择合适的词语填空:

(几天　多少钱　几个　多少人　多少　几年)

1. 一个星期有_____?
2. 北京到巴黎的机票要_____?
3. 你学汉语学了_____?
4. 参加 HSK 的共有_____?
5. 那几年,他不知给了我_____帮助!
6. 你们班的越南学生有_____?

E

二　两

一、选择合适的词语填空:

1. 小学生学数学要从一加一等于_____开始。
2. 今天我给你做_____个湖南菜尝尝。
3. 她只说了_____句话。
4. 这个村子每个村民有_____亩地。

5. 你跳远能跳_____米吗?
6. 阿刚和阿强是_____兄弟。

二、用"二"或"两"填空:

1. _____个学生　　　　2. _____瓶水
3. _____件衣服　　　　4. _____双鞋
5. _____只猫　　　　　6. _____本书
7. _____小时前　　　　8. _____十公斤
9. 三千_____百五十　　10. 去过_____次
11. 打了_____下　　　　12. 跑了_____趟
13. 等了_____天　　　　14. 二十_____斤
15. 一百零_____　　　　16. 四万_____千

F

发现　看见

一、选择合适的词语填空:

1. 他悄悄地从后门进来,谁都没_____他。
2. 刚才我们_____一群留学生在运动场上跳舞。
3. 他突然_____自己长胖了。
4. 今天早上你_____刘老师了吗?
5. 昨天我_____王明了,但没_____他和平常有什么不一样。
6. 我_____一个问题,很多选修课都安排在中午。
7. 科学上的重大_____往往会引起一场技术革命。

二、用"发现"或"看见"填空:

A:昨天下午你__1__大卫了吗?

B:我__2__了。怎么了?

A:你没__3__他有点儿不高兴吗?

B:好像是有一点儿,他怎么了?

A:他昨天中午去吃饭时把自行车停在食堂外面,吃完饭出来就__4__新买的自行车已经被偷了。

B:天啊!食堂外面那么多人,小偷就不怕被人__5__吗?

A:是啊,现在的小偷真是什么都不怕!

房间　房子

一、选择合适的词语填空:

1. 看,前面就是我的_____。
2. 他工作才几年,没有钱买_____,只能先租_____住。
3. 我们都住在学生宿舍,不过我的_____比他的_____大一点儿。
4. 你的_____是新的还是旧的?
5. 你租的房子有几个_____?
6. 我在客厅看电视,玛丽在_____里睡觉。

二、用"房间"或"房子"填空:

李华工作才几年,没有钱买__1__,只能先租__2__住。他租的这套__3__有两个__4__,大__5__是睡觉的卧室,小__6__用来看书和工作。李华把每个__7__都收拾得干干净净、整整齐齐,很舒服。

房子　家

一、选择合适的词语填空：

1. 你_____有几口人？
2. 什么时候来我们的新_____看看吧！
3. 听说你买了新_____？
4. 门上写着"山本"呢，这里应该是山本_____。
5. 这是一个新的小区，才住了几_____人。
6. 我们的_____在市中心。

二、选择合适的词语填空：

（家　房子　房间　家里　房子里　买房子）

1. 她家楼上楼下一共八个_____。
2. 最近刘亚明要结婚，打算_____。
3. 我_____住在中山路110号。
4. 昨天我去你家，你_____没人。
5. 这是你家的_____吧？真漂亮！
6. 那栋_____现在有人住吗？

非常　极

一、选择合适的词语填空：

1. 阿里来中国六年了，汉语说得_____流利。
2. 晚上一个人出去_____不安全。
3. 大家都_____想去看表演。
4. 这种情况是_____个别的。
5. 冬天这里_____少出现多雨天气。
6. 他是个_____普通的人。

7. 阿里说得好_____了。
8. 我觉得这件事做起来_____困难。

二、选择合适的词语填空：

（非常　很　极　太）

1. 这件事情只有_____个别的人知道，你不要说出去。
2. 他身体很好，_____少生病。
3. 你能来帮我，真是_____好了！
4. 他累_____了，再也走不动了。
5. 雨_____大了，现在不能出去。
6. 李明今天高兴得_____。
7. 你这么做，他_____不高兴。
8. 我_____抱歉，请原谅！

肥　胖

一、选择合适的词语填空：

1. 这条裤子你穿有点儿_____，不合适。
2. 朋友说我又长_____了。不行，我一定要减_____。
3. 我不喜欢吃_____肉，别给我吃。
4. 小时候，大家都叫我小_____子。
5. 那个_____姑娘很活泼，很可爱。
6. 我家的小狗长得太_____了，走路的样子好可爱。
7. 这孩子的脸_____乎乎的，真想摸一摸。
8. 我那天看见有人带着一只小_____猪散步。

二、选择合适的词语填空：

（很胖　太肥　胖了五斤　胖乎乎　胖起来　肥不肥　肥大）

1. 这块肉_____了，我想要瘦一点儿的。

2. 小姑娘伸出_____的小手拉住我，不让我走。
3. 这个月我锻炼少，一下子_____。
4. 我从小就_____，怎样才能瘦下来呢？
5. 他穿了一件_____的上衣，一条细瘦的裤子。
6. 你看这只鸡_____？
7. 人要_____很容易，但要瘦下来就难了。

分　分钟

一、选择合适的词语填空：

1. 他用了 35_____才写完作业。
2. 还有五_____就下课了。
3. 现在是北京时间三点零五_____。
4. 他每天坚持锻炼 40_____。
5. 我订了晚上七点十_____的车票。
6. 现在距离八点还有不到一_____的时间。
7. 我跑完这一圈用了 4_____零 15 秒。

二、用"分"或"分钟"填空：

A：妈妈，现在几点了？

B：现在才六点十__1__，还早呢，你继续睡吧。

A：那你再过 20__2__叫我起床。

B：太早了吧，你不是七点五十__3__才上课吗？从家里到学校走路只要 20__4__。

A：老师让我们每天早上起来读 30__5__英语。

B：好吧，那你赶快再睡会儿吧，再过十来__6__就要起床了。

G

高兴　快乐

一、选择合适的词语填空：

1. 今天是我这段时间以来最_____的日子。
2. 祝大家新年_____，一切顺利！
3. 很快就可以见到爸爸妈妈了，他_____极了。
4. _____是金钱买不到的。
5. 很_____能在这儿见到你。
6. 听说通过了HSK5级，阿里_____得跳了起来。
7. 你就答应我吧，让我_____一下。
8. 孩子的出生给这个家庭带来了很多_____。

二、用"高兴"或"快乐"填空：

　　__1__的暑假就要结束了。这个暑假我去了一趟北京。出发前的一个晚上，我__2__得一个晚上都睡不着。北京有很多有名的景点，比如长城、故宫、天安门等。每到一个景点，我都__3__极了。我想，对我来说，生活的__4__其实很简单，旅游就是我最大的__5__。不管遇到什么不__6__的事情，只要出去旅行，我就会立刻__7__起来。

个　位

一、选择合适的词语填空：

1. 公司大概有二十多_____工程师。

2. 对我来说，这是一_____好机会。

3. 各_____，请安静，现在宣布获奖名单。

4. 他虽然有很多问题，但还不是_____坏人。

5. 两_____客人里面请。

6. 刚才有_____先生找您。

7. 我很想当一_____医生。

8. 我有五_____哥哥。

9. 我想找几_____朋友帮忙。

10. 今天晚上，经理请了几_____客人吃饭。

二、选择合适的词语填空：

（几个　这个　多少个　各位　几位　哪位）

1. _____同学，你们好！

2. 张先生有_____孩子？

3. 不管有_____问题，我们都能解决。

4. 请问_____是王老师？

5. _____想吃点儿什么？

6. _____女人我不认识，从来没见过。

给　为

一、选择合适的词语填空：

1. 医生_____阿里打了一针，一会儿阿里就不发烧了。

2. 请你_____我想一想，不要勉强我了。

3. 田中明天回国，今天我们几个请他吃饭，_____他送行。

4. 请把桌子上那本书_____我。

5. 他工作以后，家里_____他买了一部车。

6. 听到小丽生病住院的消息，同学们都_____她着急。
7. 安娜_____我提了一个意见。
8. 刘老师答应_____阿里写推荐信。

二、选择合适的词语填空：

（给　为　跟　向　对）

1. 从这里一直_____南走，就到图书馆了。
2. 安娜_____玛丽一组，丽丽_____小玲一组。
3. 小李，有空儿_____我打个电话。
4. 他是_____解决家庭的困难才辞职的。
5. 他_____你一样，都是汉语系的学生。
6. 这_____我来说，不是件容易的事。
7. 大伟又得了第一名，真_____他高兴！
8. 你明天上课的时候_____我请个假，好吗?

跟　和

一、选择合适的词语填空：

1. 父亲决定_____儿子一起去中国。
2. 苹果_____梨一样贵，还是买苹果吧。
3. 他_____我点点头。
4. 罗先生_____大家介绍了情况。
5. 日本京都市_____中国西安市是友好城市。
6. 这篇论文对留学生的消费情况进行了调查_____分析。
7. 这家小店经营文具_____日用品。
8. 小陈昨天_____我借了几本杂志。
9. 多年来，老师一直支持_____帮助着我。

10. 我已经_____他了解了事情的经过。

二、选择合适的词语填空：

（跟　和　给　对）

1. 大明，我想_____你借点儿钱，行吗？
2. 大家_____他很不满意。
3. 玛丽热情地_____我说："欢迎你！"
4. 南宁的气候_____广州差不多。
5. 玛丽，你懂西班牙语，快来_____我们当翻译。
6. 我_____他都来自泰国。
7. 奶奶病了，我去找医生_____她看病。
8. 你应该_____他道歉。

跟……一样　像……一样

一、选择合适的词语填空：

1. 我_____他_____，都喜欢游泳。
2. 他写字写得_____你_____好。
3. 这张桌子的颜色_____血_____红。
4. 安娜说汉语就_____她说英语_____流利。
5. 女儿现在长得_____妈妈_____高了。
6. 他高兴得_____孩子_____跳了起来。
7. 玛丽_____我_____，都喜欢喝咖啡。
8. 他狡猾得_____狐狸_____。

二、用"跟……一样"和"像……一样"改写句子：

1. 他很会跳舞，玛丽也很会跳舞。

_____

2. 我的家乡冬天很冷，这儿的冬天也很冷。
_____
3. 海有多深，我对你的爱就有多深。
_____
4. 阿里的汉语说得很好，和中国人差不多。
_____
5. 大卫做事很细心，我做事也很细心。
_____

更　还

一、选择合适的词语填空：
1. 这家店的东西比那家店_____便宜。
2. 刘强比李大伟_____高。
3. 刘强比李大伟_____高五公分。
4. 小强比小聪跑得_____快几秒。
5. 丽丽比她妹妹_____矮一点儿。
6. 他跑得比兔子_____快。
7. 这本书不错，那本书_____有意思。

二、把合适的词语放在正确位置上：
（更　还）
1. 两人 A 相比，李芳 B 热情一些。
2. 刚才的雨点儿 A 比黄豆 B 大。
3. 蓝色和红色都不错，不过 A 我 B 喜欢蓝色。
4. 今年 A 我想去 B 远的地方玩儿。
5. 玛丽比丽莎来得 A 晚半个小时 B 。
6. 阿里 A 比麦克 B 大两岁呢。

关心　照顾

一、选择合适的词语填空：
1. 大家对这件事情都很_____。
2. 她不工作，一心一意在家里_____孩子。
3. 大卫的父母一点儿都不_____他的学习。
4. 在做工作计划时，要_____到各个方面的情况。
5. 我们应该尽量_____到低收入者的利益。
6. 你们是兄弟，平时应该互相_____。
7. 在我生病的时候，每天都有同学到医院_____我。

二、用"关心"或"照顾"填空：

许多父母因为要上班，没办法在家__1__孩子，所以孩子常常是由家里的老人__2__。这虽然是一种解决的办法，但也引起了不少问题。比如，一些父母因为工作忙，很少__3__孩子的学习，孩子养成了不爱学习的坏习惯。因此，现在有的父母为了孩子的健康成长，主动放弃工作，自己在家__4__孩子。他们认为，把孩子__5__好要比赚钱重要得多。

国　国家

一、选择合适的词语填空：
1. 你来自哪个_____？
2. 他最近又出_____开会了。
3. 愿两_____人民的友谊天长地久。
4. _____与_____之间要互相合作。
5. 新西兰是一个美丽的_____。
6. 不同的_____有不同的制度。

二、用"国"或"国家"填空：

A：玛丽，你是哪__1__人？

B：我是美__2__人。你呢？

A：我是泰__3__人，但我在法__4__长大，10岁才到泰__5__。

B：刚到泰__6__的时候习惯吗？

A：不太习惯。两个__7__的文化和生活习惯都不一样。

B：是啊。不过随着社会发展，__8__之间的差异也在减小，相同点也越来越多了。

A：是啊，你看，我们都同样来中__9__学习汉语了。

B：哈哈，你这么快就找到相同点了。

国外　外国

一、选择合适的词语填空：

1. 他刚从_____回来。
2. _____的东西就一定好吗？
3. 这种产品目前国内还买不到，要到_____买。
4. 你女儿打算在哪儿读大学？国内还是_____？
5. 他有不少_____小说。
6. 张老师经常去_____开会。

二、用"国外"或"外国"填空：

以前，很多中国人去__1__学习、工作。不过，这几年，也有越来越多的__2__人来中国学习、工作。我们学校就有很多__3__留学生学习汉语。这些__4__朋友来自美国、加拿大、日本、韩国、越南、泰国等。他们除了在学校学习汉语外，有的还自己做生意，有的则在中国的一些__5__公司上班。他们的到来使中国和__6__的关系越来越近。

~过来　~过去

一、用"过来"或"过去"填空：

1. 你不好好休息，身体怎么能恢复得_____？
2. 你说得太快，我都反应不_____了。
3. 听到这个消息，她差点儿哭死_____。
4. 几百个学生，一个老师怎么能管得_____呢？
5. 当时那么多人在场，你瞒得_____吗？
6. 最近报名的人太多了，我们都忙不_____了。
7. 在有经验的警察面前，小偷是混不_____的。
8. 多年养成的习惯要想改变_____，是很不容易的。

二、选择合适的词语填空：

（骗过去　忙得过来　昏过去　醒过来　明白过来　改过来　数不过来）

1. 你这样做，就能把他_____了吗？
2. 医生给他打了针，他已经_____了。
3. 天气太热，走着走着，她一下子_____了。
4. 他说了半天，我还没_____。
5. 今天事情很多，你们两个人_____吗？
6. 这个习惯可不好，你一定要_____。
7. 这么多零钱，我一个人_____。

过去　以前

一、选择合适的词语填空：

1. _____哈里和杰西一起跑步，今天却只有哈里一人。
2. 她比_____任何时候都需要你的帮助。

3. 根据_____的经验，做这件事至少需要三天。
4. 千万不能忘记_____，没有_____就没有现在。
5. 两个老朋友谈了一夜，谈_____、现在和将来。
6. 最近几年，这里变化很大，人们的生活跟_____不一样了。
7. 比尔一个星期_____才来到北京。
8. 十年_____这里还是一个小村子，现在已经是一座城市了。

二、把合适的词语放在正确位置上：
（过去　以前）
1. 老人特别喜欢　A　回忆　B　。
2. 想想　A　，看看现在，你们　B　还有什么不满意的？
3. 　A　我三年　B　就认识玛丽了。
4. 我　A　发现玛丽最近跟　B　有点儿不一样了。
5. 　A　我们不能总想着　B　，应当想想将来。
6. 上大学　A　我一直生活在北方，　B　没来过南方。
7. 他的　A　你根本就不了解　B　。
8. 王大力　A　比　B　胖多了。

过　了

一、选择合适的词语填空：
1. 你吃_____饭再走吧。
2. 我每天下_____课就回家。
3. 我相信王莎没说_____这样的话。
4. 我曾经在那家商店打_____三年工。
5. 听说你曾经去_____那里，你能给我介绍一下吗？

6. 我已经在这儿住_____五年,不想去别的地方。
7. 你瘦_____很多,是不是工作太辛苦?
8. 听说曾经胖_____的人,减肥之后容易再胖。
9. 他已经走_____一个多小时了。
10. 他已经说_____,他不同意这件事。
11. 到_____家记着给我打个电话。
12. 你吃_____药就睡吧。

二、选择合适的词语填空:

(来了 来过 吃了 吃过 看了 看过)

1. A:王秘书,客人_____没有?
   B:_____,正在里面坐着呢。
2. A:你以前_____这里吗?
   B:我三年前_____,这是第二次来。
3. A:你_____蛇肉吗?
   B:没_____,我不敢吃。
4. A:刚才的蛇肉你_____没有?
   B:没吃,我不敢吃。
5. A:今晚你去看电影吗?
   B:我以前_____,这次不想看了。
6. A:下午你去哪里了?
   B:我跟朋友去_____一场电影。

三、把"过"或"了"放在句中合适的位置。

1. 我下班就来找你。
2. 刚才下一场雨,你走路要小心。
3. 听说他结婚,后来不知道为什么又离婚。
4. 昨天我去书店买一本词典。

5. 你妈妈如果听到这个消息，一定会非常高兴的。
6. 我小时候在那里生活，所以对那儿很熟悉。

H

还是　或者

一、用"还是"或"或者"填空：

1. 我平时一般不做饭，_____在学校食堂吃，_____去外面吃。
2. 你要绿色的_____要蓝色的？
3. _____你做，_____我做，事情总得有人做才行。
4. 我不知道你到底爱她_____爱我。
5. 我现在还没想好先去杭州_____先去苏州。
6. 你是德国人_____法国人？
7. 随便吃点儿吧，米饭_____面条都行。
8. _____是你说的，_____是他说的，反正是你们当中一个人说的。
9. 你想吃面条，_____想吃饺子？

二、把合适的词语放在正确位置上：

（还是　或者）

1. 你赶快发短信__A__打电话__B__跟他联系。
2. 暑假我__A__想去湖南，__B__去四川。
3. 你__A__喝什么？红茶__B__绿茶？
4. 你去问问李老师，__A__下个星期是考听力__B__考口语？

5. 我估计他　A　是韩国人　B　日本人。
6. 我不知道　A　是你说得对　B　他说得对。
7. 星期六　A　星期天都行，我跟你　B　一起去。
8. 你喜欢　A　打篮球　B　打乒乓球？

孩子　小孩儿

一、选择合适的词语填空：

1. 爷爷只有一个_____，就是我爸爸。
2. 一群男_____正在草地上玩。
3. _____们，快到这里来！
4. 我的_____已经三十多岁了。
5. _____，你几岁了？
6. 小明是个好_____，又聪明又有礼貌。
7. 这些_____真可爱。
8. _____，你帮了我这么多，太谢谢你了！
9. 这个_____多可爱呀！是你的_____吗？

二、用"孩子"或"小孩儿"填空：

玛丽是个小学老师，她教三年级英语。三年级一共有58个　1　，30个女　2　，28个男　3　，这些　4　都很可爱。　5　们很喜欢玛丽老师，玛丽也很喜欢　6　们。

害怕　怕

一、选择合适的词语填空：

1. 他连死人都不_____，还_____什么？
2. 刘丽特别_____狗。

3. 心脏病最_____刺激,这件事先不要告诉她。
4. 老陈_____一会儿下雨,先走了。
5. 爸爸很严厉,冬冬很_____他。
6. 这种花最_____晒,最好放在屋里。
7. 看样子他_____活不了几天了。
8. 这种树_____水,水浇多了就会死。

二、选择合适的词语填空:
(怕不怕 别害怕 不怕 怕什么 不害怕)
1. 大家都不怕,我还_____?
2. 我_____打针,就是怕吃药。
3. 你_____,这是一只狗,不是狼。
4. 做这个工作很危险,你_____吗?
5. 我怕辣,你_____?

~好 ~完

一、选择合适的词语填空:
1. 填_____表你就可以去交钱了。
2. 今天的活儿还没干_____呢!
3. 忙了一个下午,我终于把自行车修_____了。
4. 他的腿是在那家医院治_____的。
5. 爷爷弯下腰把鞋穿_____。
6. 阿里打开了刚关_____的窗。
7. 阿云的出国手续还没办_____。
8. 你让他先说_____吧。

二、选择合适的词语填空:
(写完 用完 准备好 收拾完 做完 打完 说好 穿好)

1. 今天的作业你_____了吗？
2. 我和他_____明天一起去看电影。
3. 等一会儿，我_____房间就来。
4. 这个月的工资我已经差不多_____了。
5. 明天考试，你们_____了吗？
6. 信我_____了，你看看吧。
7. 孩子的衣服还没_____呢！
8. 你_____球咱们一起去吃饭吧！

好不容易　好容易

一、选择合适的词语填空：
1. 阿里_____才找到一份满意的工作。
2. 她_____才忍住，没哭出来。
3. 现在找工作_____呀，我都找了几个月还没找到。
4. 这次考试的题_____！我一会儿就做完了。
5. 这一千元钱挣得_____，我整整干了一个月呢！
6. 你想得_____，其实不容易。

二、选择合适的词语填空：
（容易　不容易　好容易　好不容易）
1. 要想学好一门外语真_____！不努力是不行的。
2. 这个电影特别好看，我_____才买到两张票。
3. 这次口语考试比上次_____得多。
4. 这次考题玛丽觉得_____，我觉得好难。
5. 说起来_____，做起来可_____。
6. 这件事可_____做到。

好看　漂亮

一、选择合适的词语填空：
1. 王先生有三个女儿，一个比一个_____。
2. 这套家具特别_____，买下来吧！
3. 听说这部电影特别_____，咱们去看看吧。
4. 杭州是个_____的城市。
5. 这本书不_____，别买了。
6. 玛丽的这篇文章写得很_____。
7. 你呀，说的比做的_____。
8. 看！那小男孩多_____！

二、选择合适的词语填空：
（很漂亮　漂漂亮亮　不好看　真好看　很好看　漂亮的）
1. 这几个汉字写得_____。
2. 这个电影真的_____。
3. 这个电视剧没意思，_____。
4. 这本书_____，我都看了三遍了。
5. 结婚那天，我一定把你打扮得_____！
6. 玛丽长着一双_____大眼睛。

很　真

一、选择合适的词语填空：
1. 这个句子_____复杂，我弄不明白。
2. 见到你_____高兴！
3. 这篇课文真的_____难。
4. 你这样做让妈妈_____生气。

5. 麦克_____快吃完了饭，去上班了。
6. 这是一件_____麻烦的事情。
7. 菜_____咸，不好吃。
8. 你穿这件衣服_____漂亮！

二、选择合适的词语填空：

（很高兴　很忙　很着急　真开心　真漂亮　真麻烦）

1. 暑假我们去了北京，北京的姑娘_____。
2. 最近我_____，没时间去旅游。
3. _____认识你！以后多联系。
4. 你的事真多，_____！
5. 今天我们去打球、游泳，玩儿得_____！
6. 买不到后天的飞机票，我心里_____。

J

极　最

一、选择合适的词语填空：

1. 在这么多孩子中，小强是_____让我放心的。
2. 这种方法_____简单，你一学就会。
3. 他不喜欢收拾，他的房间乱_____了。
4. 我_____担心的事就是买不到票。
5. 你的毛巾就是挂在_____右边的那条吗？
6. 他这个人_____不注意自己的身体健康。
7. 这些都是_____简单的题，你怎么不会呢？

8. 开车去那儿，_____快也要两个小时。

二、把合适的词语放在正确位置上：

（极　最）

1. 这孩子真是　A　可爱　B　了，大家都喜欢跟他玩儿。
2. 刘云越跑越　A　快，现在已经跑在　B　前面了。
3. 我们　A　都是　B　普通的人，没有什么特别的。
4. 最近小强学习　A　不认真，得跟他　B　好好谈谈。
5. 走路去那里，　A　多　B　需要半个小时。
6. 我　A　想　B　去的地方就是美丽的三亚。
7. 跟其他班相比，我们班人数　A　是　B　多的。
8. 听到这个好消息，大家都　A　兴奋　B　了。

急　着急

一、选择合适的词语填空：

1. 现在雨下得太_____，你等雨停了再走吧。
2. 别_____，我们一起想办法。
3. 小林得了_____病，已经送到医院去了。
4. 看他那_____的样子，一定出了什么事。
5. 奶奶_____地问："你快说，小明到底怎么了？"
6. 我是个_____脾气，爱_____，请您原谅。
7. 妈妈为这事_____得不得了，吃不下，睡不着。
8. 你走得这么_____，有什么事呀？

二、选择合适的词语填空：

（急　着急　很着急　急什么　着急地　着急的　真急人　急疯了）

1. 一直没有孩子的消息，妈妈都要_____。

2. 他心里_____,但外表一点儿也看不出来。
3. 看到小王_____神情,老张赶紧关心地上前询问。
4. 安娜一见到我,就_____问:"见到玛丽了吗?"
5. 火车马上就要开了,他还没来,_____!
6. 你_____?时间还早着呢!
7. 他催得_____,咱们赶快去吧。
8. 你怎么才回来?妈妈正在_____呢。

记得　记住

一、选择合适的词语填空:
1. 你还_____我是谁吗?
2. 我只_____他的样子,不_____他的名字。
3. 我没_____她的房间号码。
4. 你_____我们的汉语老师吗?
5. 大家_____明天要带学生证。
6. 这些生词,你都已经_____了吗?

二、选择合适的词语填空:
(记住　记得住　记不住　记得　记不得)
1. 如果只听一遍,你_____吗?
2. 这几个生词我总是背了就忘,怎么也_____。
3. 这些内容我只看了一遍,还_____。
4. _____这些句子会对你写作文有好处。
5. 小时候的事情,大都_____了。
6. 你还_____初中的数学老师吗?
7. 这么多生词,你_____吗?
8. 这些生词你们一定要_____!

简单　容易

一、选择合适的词语填空：
1. 要想解决这个问题，太_____了。
2. 那篇文章很_____读。
3. 这是件_____的事，怎么越说越复杂了！
4. 他性子急，很_____发脾气。
5. 麦克觉得汉语语法比较_____学，但汉字很难学。
6. 这篇课文比那篇课文_____得多。
7. 陈老师给我们_____说了一下情况。
8. 阿里很_____地就学会了开汽车。
9. 喝啤酒太多_____发胖。
10. 午饭相当_____，只有一个白菜，一个豆腐。

二、选择合适的词语填空：
（很容易　很简单　简单的　简单地　不容易　不简单）
1. 老师_____讲了讲要求，就开始考试。
2. 我不去的原因_____，我对旅游没兴趣。
3. 做个教师不难，但要做个好教师并_____。
4. 这两个词意思差不多，_____出现错误。
5. 他游泳是全市第一，真_____！
6. 李老师在黑板上写了几个_____句子。

见　见面

一、选择合适的词语填空：
1. 你什么时候去_____他？
2. 你_____过林静的男朋友吗？

3. 我从来没_____过他。
4. 跟朋友_____的时间快到了,我要走了。
5. 这算是我送给你的_____礼了。
6. 我今天下午三点要在图书馆跟林明_____。
7. 麦克找你,你_____不_____?
8. 好久不_____,你一切还好吗?

二、选择合适的词语填空:

(见面 见到 见了 见过 见见 见过面 见见面 见了面)

1. 和刘老师_____以后,我就回宿舍了。
2. 你打算什么时候跟他_____?
3. 我想_____安娜,行吗?
4. 有时间的话,明天我们_____,怎么样?
5. 我上次去北京,_____了大学时的老同学。
6. 毕业六年了,我才_____他一次。
7. 详细情况咱们_____再说吧。
8. 这个人我从来没_____。

讲 说

一、选择合适的词语填空:

1. 我跟你_____过多少遍了,你怎么又忘了?
2. 张老师_____下个星期一考试。
3. 他老乱扔东西,我_____了他多少遍,他就是不改。
4. 王老师说话很有意思,我喜欢听他_____课。
5. 小梅_____她想学西班牙语。
6. 老师今天_____的语法我都听懂了。

7. 接下来，我们请王小强同学_____几句。
8. 他是实习老师，今天只给我们_____一节课。

二、用"讲"或"说"填空：

今天上课，张老师给我们__1__一个新的语法。__2__着__3__着，麦克突然大声地对张老师__4__："老师，您__5__得太快了，我听不懂。"张老师__6__："别着急，我再讲一遍。"__7__完，他又把刚才的语法__8__了一遍，然后让我们自己先做练习。我觉得有点儿没意思，就跟夏小天聊起天儿来。坐在我旁边的莫妮卡有点儿生气，__9__我影响她做练习。我有些不好意思，就没跟夏小天__10__话了。

讲话　说话

一、选择合适的词语填空：

1. 人多的时候，她就不好意思_____。
2. 下午的大会，教师代表先_____，然后是学生代表_____。
3. 下面我们热烈欢迎张老师给大家_____。
4. 老人一个人住，平时没人陪他_____。
5. 大卫平时很少_____。
6. 下午各部门要好好学习公司领导的_____。
7. 他们一边喝酒，一边大声_____。
8. 总结经理的这个_____很重要。

二、选择合适的词语填空：

（讲过一次话　讲几句话　说一会儿话　说说话　别说话　说不出话）

1. 有时间要多跟孩子_____。

2. 没想到自己能得第一名，我兴奋得_____来。
3. 他给我们_____，我印象很深。
4. 老师在讲课呢，你们_____了！
5. 大家安静一下，我先_____。
6. 我们宿舍的同学睡觉前喜欢_____。

叫 让 使

一、选择合适的词语填空：

1. 他的行为_____在场的人非常气愤。
2. 丽丽_____妈妈给她买一条漂亮的裙子。
3. 多浇水能_____田里的苗长得更好。
4. 广告上说，这种洗发水能_____头发又黑又亮。
5. 她带来的消息真_____人伤心。
6. 我的手机_____弟弟给弄坏了。
7. 老师_____我告诉大家，明天下午两点在301教室开会。
8. 公路_____大水冲断了，怎么办？

二、选择合适的词语放在正确位置上：

（叫 让 使）

1. 桌上那条鱼 __A__ 大明家的白猫 __B__ 吃掉了。
2. 茶杯刚才 __A__ 我打碎了，真 __B__ 不好意思！
3. 这个电影 __A__ 我们 __B__ 明白了一个道理。
4. __A__ 用什么方法能 __B__ 水往高处流呢？
5. 玛丽 __A__ 我给她 __B__ 买一本书。
6. __A__ 他走得太急，头 __B__ 门给碰了一下。
7. 阿里在吗？我想 __A__ 他给 __B__ 我帮个忙。

8. ___A___ 这样的结果真 ___B___ 人心里难过。

教师　老师

一、选择合适的词语填空：
1. 你们学校一共有多少名高级_____？
2. _____，我们什么时候有考试？
3. 兴趣是孩子们最好的_____。
4. 这些都是优秀_____介绍的工作经验。
5. 我喜欢_____这个工作。
6. 刘_____是我最喜欢的人。
7. 我毕业之后，想回国当一名汉语_____。
8. 我希望自己能成为一名合格的人民_____。
9. 非常感谢报社的各位_____对我的指导和帮助。
10. 他是我们学校最受学生喜欢的_____。

二、选择合适的词语填空：

（教师证　教师职业　家庭教师　优秀教师　老师们　我的老师　老师好）

1. 又是教师节了，我总是会想起我的那些_____。
2. 我要努力工作，做一名学生喜欢的_____。
3. 没有_____，就不能在这里教书。
4. 同学们每次见到我，都会问声"_____"。
5. 我热爱_____，跟孩子们在一起，我很开心。
6. 孩子成绩不好，要不要给他请_____？
7. 你比我有经验，当然可以当_____。

教室　课堂

一、选择合适的词语填空：

1. 每间_____都装有空调，明亮、整洁。
2. _____上学生很活跃，_____气氛很好。
3. 张老师的课经常有_____讨论。
4. 采用这种方法，_____教学效果比以前好多了。
5. 今天的口语课在303_____上。
6. 老师一走进_____，大家立刻安静下来了。
7. _____上要认真听课，不要随便说话。
8. 还有几个同学在_____里复习呢。

二、用"教室"或"课堂"填空：

一间__1__　　听力__2__　　105__3__　　空的__4__
__5__外面　　__6__教学　　__7__的门　　__8__很干净
__9__练习　　__10__上　　__11__讨论　　__12__很活跃

街道　路

一、选择合适的词语填空：

1. 这条_____又宽又平。
2. 从我家到学校有十几里_____。
3. 去天河城可以坐263_____车。
4. 这条_____上有三个旅馆。
5. 我们走哪一条_____上山比较快？
6. 你要多听大人的意见，这样可能会少走很多弯_____。

二、用"街道"或"路"填空：

A：大卫，听说你搬家了？

B：对，我搬到珠江__1__了。
A：离学校远吗？
B：挺远的，从学校到那里要走半个小时的__2__。
A：那有公共汽车去那里吗？
B：有很多__3__车都能到，我一般坐8__4__车。
A：哦，你为什么要搬到那儿住呢？
B：那里的空气比较好，__5__的两旁种了很多树。

结束　完

一、选择合适的词语填空：
1. 没想到他用这样的方式_____了自己的生命。
2. 这个学期很快就要_____了。
3. 大家都饿了，菜一上桌，一会儿就吃_____了。
4. 学习_____以后，你打算做什么？
5. 比赛顺利地_____了，我们班得了第一。
6. 大会今天开始，明天_____。
7. 表演还没_____呢，这么早就走？
8. 因为时间关系，他提前_____了自己的讲话。

二、选择合适的词语填空：
（说完　用完　没完　已经结束　顺利结束　没结束）
1. 纸巾快_____了，你下午去超市的时候记得买。
2. 我还有些话要说，_____以后就走。
3. 经过大家的努力，大会_____了。
4. 比赛还_____，谁会赢还很难说。
5. 代表团_____了在英国的访问，回到北京。

旧　老

一、选择合适的词语填空：

1. 我觉得大衣的样式有些_____。
2. 她是一位_____演员，表演很有经验。
3. 妈妈已经_____了，记忆力不那么好了。
4. _____人都喜欢回忆过去。
5. 你怎么还穿着这件_____衣服？
6. 妈妈保存着很多_____照片。
7. 这辆自行车已经骑了十年了，实在太_____了。
8. 我们是多年的_____朋友了。

二、用"旧"或"老"填空：

今天是我们大学毕业三十周年的日子。我见到了许多___1___同学。我们一块儿吃饭、聊天儿。___2___班长提议大家一起回学校看看，于是大家吃完饭后一起回了学校。学校已经建起了新的教学楼，但以前___3___的教学楼还在。我们还去了很多以前读书时常去的___4___地方，发现那些地方没什么改变，还是___5___样子，就连那个卖___6___书的书店也还在。但不同的是我们却都已经___7___了。

就要　快要

一、选择合适的词语填空：

1. 世界杯足球赛下个月_____开始了。
2. _____上课了，快点儿走！
3. 明天上午申泰和_____坐飞机回韩国。
4. 学校的新图书馆_____建好了。

5. _____考试了，得抓紧复习了。
6. 中国代表团明天_____离开莫斯科回国。
7. 他马上_____走了，你不去送送他？
8. 比赛很快_____结束了。

二、把合适的词语放在正确位置上：
(就要　快要)
1. 毕业考试__A__到了，同学们__B__都有些紧张。
2. 会议__A__结束的时候，张老师__B__宣布了一项决定。
3. 我们班下周__A__和三班__B__进行篮球比赛了。
4. 我__A__明天__B__见到多年未见的老朋友了。
5. 马上__A__上课了，__B__快进教室吧。
6. 冬天__A__很快__B__过去了，春天就要来了。
7. __A__上车吧，车马上__B__开了！

K

看　见

一、选择合适的词语填空：
1. 小梅，咱们明天去_____电影吧！
2. 总经理要_____你，你快点儿去！
3. 我们好久没_____了，周六一起吃饭吧！
4. 这么暗，你也不开灯，能_____得清楚吗？
5. 你没_____过杰西的女朋友吧？我_____过。
6. 下次来广州，我一定再来_____您。

7. 你_____我穿这件衣服怎么样?
8. 他_____了_____我,没说话。

二、选择合适的词语填空:

(看见　见面　看看　见见　看到　见到)

1. 我找张先生有事,能不能让我_____他?
2. 这本书她_____了三天。
3. 几年没_____他了,不知道他过得怎么样。
4. 你能_____自己的缺点,这很好。
5. 让我_____你的手怎么了。
6. 前几天我在上海_____一个老朋友。
7. 我们说好下午三点在咖啡馆_____。

看　看到　看见

一、选择合适的词语填空:

1. 我们正在_____足球比赛,突然下起了大雨。
2. 你_____清楚了吗?是不是这个人?
3. 站在我家阳台上可以_____白云山。
4. 他虽然有很多缺点,但是我们也要_____他的优点。
5. 刚才我还_____玛丽在图书馆看书呢。
6. 这部电影我已经_____了两遍了。
7. 在困难的时候,要_____希望,_____光明。
8. 那个人正_____着你呢。

二、选择合适的词语填空:

(看见　看看　见见　看到　看见　看过　见过)

1. 大卫_____手表,说:"时间到了!"
2. 大家应当_____他的努力。

3. 我没_____这个电影。
4. 刚才我_____小林在操场跑步呢。
5. 我_____这种花,好像叫"木棉花"。
6. 你想不想_____大明星成龙?
7. 只听说过林明,没_____过面。
8. 今天下午我要去_____一个朋友。

考　考试

一、选择合适的词语填空:
1. 小李这一次没_____好。
2. 妹妹_____了三次大学,都没_____上。
3. 我们来_____一下他,看他水平怎么样。
4. 教室里正在_____,请大家不要大声说话。
5. 这次阅读_____有点儿难。
6. 听力课今天不_____,明天才_____。
7. 学生们正在教室里_____。
8. 明天我们_____口语。

二、用"考"或"考试"填空:
1. A:知道吗? 明天有___1___。
   B:明天___2___什么?
   A:___3___数学,你复习了吗?
   B:没有,我不知道要___4___。
   A:那你赶快复习吧,这次___5___很重要。
   B:来不及了,这次我肯定___6___不好。
2. A:这次汉语___7___你___8___得怎么样?
   B:没___9___好,这次___10___有点儿难。

A：没关系，下次_____11_____个好成绩。

B：你_____12_____得好吗？

A：我也_____13_____得不太好，有几个单词忘了。

B：你比我会_____14_____。

L

来　去

一、选择合适的词语填空：

1. 我们班_____了一个漂亮的韩国姑娘。
2. 你急急忙忙到哪里_____？
3. 你从哪里_____？
4. 你找劳拉？她不在宿舍，_____图书馆了。
5. 白小姐_____机场了，刚走一会儿。
6. 我的英汉词典让丽丽借_____了。
7. 我_____广州已经一年了，很喜欢这里。
8. 我刚从香港_____，准备在北京玩儿几天。

二、选择合适的词语填空：

（借来　打来　拿来　拿去　送来　送去　发来　发去）

1. 我今天收到了朋友_____的一个电子邮件。
2. 这几件东西我用不上了，你_____用吧。
3. 这本书是我刚从老师那里_____的。
4. 这是他的地址，你快把这个东西给他_____。
5. 妈妈叫我接电话，我问："谁_____的？"

6. 我刚才给玛丽_____了一个电子邮件。
7. 玛丽，快来看，有人给你_____一束花！
8. 这把椅子是我从旁边的教室_____的。

老是　总是

一、选择合适的词语填空：
1. 上课的时候，老师_____问我问题，我很紧张。
2. 晚饭后，我们_____在校园里散步。
3. 刚来中国那段时间，我_____感冒。
4. 我问老师问题，老师_____很耐心地回答我。
5. 不管怎样，他_____你弟弟，你得照顾他。
6. 王明的想法_____很特别，很难让人理解。
7. 人的一生中，_____会遇到各种多样的困难。
8. 他干什么事情_____那么急。

二、把合适的词语放在正确位置上：
（老是　总是）
1. 妈妈__A__最近__B__不舒服，得赶快去医院检查。
2. 你__A__这么__B__严肃，孩子们都怕你。
3. 昨天睡得__A__不好，今天上课__B__想睡觉。
4. 机会__A__会有的，__B__要耐心等待。
5. 阅读时__A__不要__B__查词典，这样不好。
6. 这__A__说明他__B__关心你的，你别生他的气了。
7. 每次__A__见到我，他__B__热情地跟我打招呼。
8. 孩子__A__长大了，__B__要离开父母的。

了解　知道

一、选择合适的词语填空：

1. 要真正_____一个人需要很长时间。
2. 你_____我们这个学期什么时候放假吗？
3. 我真的不_____王哲每天在做什么，想什么。
4. 老师到宿舍看我们，_____我们的生活情况。
5. 你_____去图书馆怎么走吗？
6. 这个字怎么念，我也不_____。
7. 我非常_____他，他不会生你的气。
8. 我_____你的心情，可着急是没有用的。
9. 我现在才_____，我对他的_____太少了！

二、选择合适的词语填空：

（了解一下　十分了解　不了解　了解到　了解清楚　知道不知道　不知道　知道）

1. 你_____自己在发烧？还不好好休息？
2. 今天我来，是想把这件事_____。
3. 你说了半天，我还是_____应该怎么做。
4. 张强对公司的情况_____，你可以去问他。
5. 你_____她不想去，为什么不告诉我？
6. 你去_____工人们的生活情况。
7. 虽然我们认识很多年了，但互相并_____。
8. 我问了很多人，什么情况都没_____。

M

慢慢　越来越……

一、选择合适的词语填空：

1. 坚持每天跑步，杰克_____瘦了下来。
2. 用了这种护肤品，皮肤_____光滑了。
3. 时间长了，我_____习惯这里的生活。
4. 时间长了，我_____习惯这里的生活了。
5. 走着走着，我的心情_____紧张起来了。
6. 我_____喜欢他。
7. 我_____喜欢他了。
8. _____吃吧，别着急。

二、选择合适的词语填空：

（慢慢亮　慢慢说　慢慢增加　慢慢变快　越来越少　越来越瘦　越来越好　越来越多　越来越冷）

1. 窗外，天_____起来了。
2. 他最近_____，是怎么回事？
3. 他喝了一口水，_____："好吧。"
4. 只要你努力，成绩一定会_____。
5. 坐着坐着，他感到房间里_____。
6. 音乐_____，好像越来越急的河水。
7. 训练的时间要_____，不然病人会受不了。
8. 他的钱_____，朋友却_____。

没关系　没什么　没事儿

一、选择合适的词语填空：
1. A：麻烦你了。
   B：_____，这是我应该做的。
2. A：太谢谢您了！
   B：_____，小事一件。
3. 饭菜我已经做好了，你吃不吃_____。
4. 今天晚上我_____，你来我家吃饭吧。
5. A：对不起，让你久等了。
   B：_____。
6. _____，失败了再来就是了！
7. 你忙的话，就别来了，_____的。
8. 你_____吧？眼睛怎么红了？
9. 奶奶吃了药，一会儿就_____了。

二、选择合适的词语填空：
(没关系　没什么　没事儿　不用谢　别客气　不客气)
1. 大家_____，多吃点儿。
2. _____我，一点儿小事，不麻烦。
3. 明天上午我_____，可以跟你一起去。
4. 你别太担心，他应该跟这事_____。
5. _____，不用谢！
6. 你这么忙就不用陪我了，我一个人去也_____。
7. 他一点儿也_____，坐下来就吃。
8. 你_____吧？怎么这么不高兴？

每天　天天

一、选择合适的词语填空：

1. 他_____工作12个小时，身体越来越差。
2. 你_____都这么忙，挣那么多钱有什么用？
3. _____的收入情况，我都记在这个本子上。
4. 这些事情，我们_____讲，月月讲，可有的人还是不重视。
5. _____大约有2000辆的士去机场接送乘客。
6. 这是家卖化妆品的商店，它的广告词是"_____低价，_____美丽"。
7. 一个人平均_____该喝多少水？
8. 东西虽好，但也不能_____吃。

二、把合适的词语放在正确位置上：

（每天　天天）

1. 我们学校的图书馆　A　开放　B　16个小时。
2. 我　A　的生活都　B　差不多，上课，回家，有时跟朋友聊聊天儿。
3. 大家　A　都希望你年年健康，　B　快乐。
4. 我　A　想你，　B　时时想你，分分秒秒都想你。
5. 　A　参加这个活动，每人　B　要交100块钱。
6. 我　A　已经把这个月　B　的情况记下来了。
7. 这个星期花钱　A　太多，平均　B　花150块。
8. 这一段　A　都下雨，　B　出门很不方便。

明白　清楚

一、选择合适的词语填空：

1. 我刚才说你的话你都听_____了吗?
2. 我很_____自己喜欢什么，不喜欢什么。
3. 我_____了，你是不想让他担心，所以不告诉他。
4. 他刚才说的话是什么意思? 你_____不_____?
5. 我刚才_____地听到有人叫你。
6. 黑板上的字你看得_____吗?
7. 你的声音太小了，我听不_____。
8. 他是个_____道理的人，不会这么做的。

二、选择合适的词语填空：

（不明白　不清楚　明明白白　清清楚楚　听不明白　听不清楚　听清楚　听明白）

1. 我记得_____的，我昨天已经把词典还给你了。
2. 我再说一遍，你_____了，这件事不是我做的。
3. 这里太吵了，我_____你在说什么，请大声点儿。
4. 他说了半天，我才_____他的意思。
5. 你这话是什么意思? 我怎么_____呢?
6. 他住在哪儿，我也_____。
7. 我真_____，小王干得好好的，为什么要走呢?
8. 书上写得_____的，你怎么就看不懂呢?

N

那　那儿

一、选择合适的词语填空：

1. ＿＿＿＿＿＿＿的天气很冷。
2. ＿＿＿＿＿＿＿种花很好看，就是不香。
3. ＿＿＿＿＿＿＿个人你认识吗？
4. 这也不想买，＿＿＿＿＿＿＿也不想要，最后什么也没买到。
5. 你要的书就在＿＿＿＿＿＿＿，你自己去拿吧。
6. 你也要去？＿＿＿＿＿＿＿我们一起走吧。
7. ＿＿＿＿＿＿＿都是你写的？
8. 你看，＿＿＿＿＿＿＿就是足球吗？

二、用"那"和"那儿"填空：

A：大卫，你看到我的课本了吗？

B：就在　1　。

A：　2　本不是我的，是小王的。

B：哦，　3　我就不知道了。

A：我记得昨天上课的时候还在看，怎么就不见了呢？

B：你是不是忘在教学楼　4　了？

A：我也不确定。　5　我吃完饭去教学楼看看吧。

B：嗯。不过　6　晚上好像不开门。

A：啊，　7　看来只能明天再去找了。

那　那么

一、选择合适的词语填空：

1. 既然你不喜欢他，_____你就应该告诉他。
2. 大家都没意见？_____，我们就这样决定了。
3. 坐在张老师旁边的_____几个人我都不认识。
4. 我告诉过他不要_____做，他不听。
5. _____地方太乱，你一个人别去。
6. 你的成绩_____好，一定能考上大学的。
7. _____是他妹妹，不是他女朋友。
8. 你一定要_____做，我也没办法。

二、把合适的词语放在正确位置上：

（那　那么）

1. 现在是夏天，__A__地方太热，还是__B__别去了。
2. 刚才__A__女的你认识吗？听说她__B__是我们公司新来的大学生。
3. __A__没买到票？__B__我们就下个星期再去吧。
4. 你还没__A__吃饭？__B__跟我们一起吃吧。
5. 我妹妹刚两岁，__A__已经有桌子__B__高了。
6. 她对你__A__好，你__B__为什么就不喜欢她呢？
7. 你看__A__上面写的是什么？__B__我看不清楚。

那边　那里　那儿

一、选择合适的词语填空：

1. 我从父母、老师_____学到了很多做人的道理。
2. 你给学校_____打电话了吗？

3. 听说你刚从北京回来？_____天气怎么样？
4. 吃完晚饭，我和同屋常到北门_____散步。
5. 我从学生_____了解到一些情况。
6. _____风景很美，人也不多。
7. 山这边是山东省，山_____是山西省。
8. 你了解学生这边的情况，我了解老师_____的情况。

二、把合适的词语放在正确位置上：

（那边　那里　那儿）

1. 暑假时间__A__长，跟我一起去我老家__B__玩玩儿吧？
2. 我和小明__A__意见不同，你是站在我这边还是站在小明__B__。
3. __A__这本书是我从小王__B__借来的，过几天得还给他。
4. 学生最希望从老师__A__学到什么？这是每个老师__B__都想知道的。
5. 第三教学楼__A__就在图书馆的__B__，得走10分钟。
6. 我有事先走了，你把东西__A__送到__B__后给我打个电话。

那么　那样

一、选择合适的词语填空：

1. 那地方条件就_____，你不要想得太好。
2. 你对他_____好，他心里是知道的。
3. 如果你真的不愿意，_____就不应该答应别人。
4. 如果真是_____就好了，那我以后就放心了。
5. 没想到，我就说了_____一句话，他就生气了。

6. 我想王大军_____做也是没办法的，你别生气了。
7. 学习语言一定要多听多说，_____才能学好。
8. 你既然知道这样不对，_____为什么要这么做呢？

二、把合适的词语放在正确位置上：

（那么　那样）

1. 你　A　应该像他　B　，每天去游泳。
2. 他没王强　A　高，还是让王强去　B　比较合适。
3. 听说　A　票很难买，　B　我就不去了。
4. 　A　的衣服一定很贵，我　B　不会买的。
5. 我真想去　A　一个　B　有山有水的地方好好休息几天。
6. 她都急成　A　了，我们快　B　帮她找找吧。
7. 这个地方是　A　美丽，　B　大家都不想走了。

那么　这么

一、选择合适的词语填空：

1. 他弟弟才两岁，已经有桌子_____高了。
2. 我们那儿夏天很舒服，没有这里_____热。
3. 这次病好了，你可不能再像以前_____不注意身体了。
4. 没想到李林的英语口语_____好。
5. 既然我们是同学，_____就应该互相帮助。
6. 我来中国时间不长，就只有_____几个朋友。
7. 哎呀，杯子掉地上了，你怎么_____不小心？
8. 早知道今天会_____累，我就不来了。

二、把合适的词语放在正确位置上：
（那么 这么）
1. 你最近身体不＿A＿好，明天＿B＿就别去了。
2. 他们那里人＿A＿多，你＿B＿别去了。
3. 希望＿A＿我的汉语能说得像你＿B＿流利。
4. 你看，＿A＿这个动作要＿B＿做才对。
5. 你＿A＿刚才应该＿B＿说："对不起，请让一让。"
6. 我不相信他＿A＿真的会＿B＿做。
7. 你的字＿A＿写得＿B＿小，看不清楚。
8. 他＿A＿聪明，怎么＿B＿会不明白你的意思？

能 会

一、选择合适的词语填空：
1. 你一定＿＿＿＿学好汉语的。
2. 没想到事情＿＿＿＿这么顺利。
3. 我＿＿＿＿用用你的词典吗？
4. 才学了几次，他就＿＿＿＿开车了。
5. 驾驶证找到了，他又＿＿＿＿开车了。
6. 他的女儿都两岁了，还不＿＿＿＿说话。
7. 这台电脑已经坏了，不＿＿＿＿再用了。
8. 我刚到中国，一句汉语也不＿＿＿＿说。
9. 这件衣服还＿＿＿＿穿。
10. 明天是晴转多云，不＿＿＿＿下雨的。
11. 他说得那么快，你＿＿＿＿听清楚吗？

二、选择合适的词语填空：
（会 不会 会不会 能 不能 能不能）

1. 金智一顿_____吃三碗米饭。
2. 鸭子会游泳,鸡_____游泳。
3. 今天天气冷,多穿件衣服,不然_____感冒的。
4. 你说李进_____为这件事生气呢?
5. 他今天要加班,_____回家吃饭了。
6. 麦克,你_____帮我一个忙?

能 可以

一、选择合适的词语填空:
1. 这家餐馆的菜味道不错,你们_____去尝尝。
2. 我们班比赛得了第一,大家怎么_____不高兴呢?
3. 安娜现在_____用汉语写日记了。
4. 你真_____喝酒,一人就喝了三瓶。
5. 崔英子_____唱_____跳,多才多艺。
6. 你_____坐地铁去,比坐汽车快多了。
7. 张明最_____处理这种事情。
8. 我_____进去看看吗?

二、选择合适的词语填空:
(能 会 可以)
1. 今天可能_____下雨。
2. 你说,他_____原谅咱们吗?
3. 他是你的好朋友,我想他一定_____帮助你的。
4. 阿里才学了一个月汉语,就_____说一些简单的句子了。
5. 既然你已经决定了,我还_____说什么!
6. 教室里不_____打闹。

7. 桂林是个好地方，_____去玩玩儿。
8. 请问，遇到这种情况你_____怎么办？

年　岁

一、选择合适的词语填空：

1. 我刚来中国时才18_____。
2. 他是去_____来的美国。
3. 那一_____他才六_____。
4. 老_____人要注意饮食。
5. 你来中国几_____了。
6. 我已经一_____没见她了。

二、用"年"或"岁"填空：

A：玛丽，你今__1__过__2__回老家吗？

B：我打算回。我已经好几__3__没回去了。

A：那是应该回去。你妈妈还没见过你女儿吧？

B：是啊，我女儿都快两__4__了，还没见过外婆呢。

A：你女儿都这么大了？时间过得真快！

B：嗯，她是前__5__12月出生的，下个月就两__6__了。对了，你儿子几__7__了？

A：比你女儿大一__8__。

年轻　年青

一、选择合适的词语填空：

1. 你才20岁，还很_____，前面的路还很长。
2. 我们的公司还很_____，还会有更好的发展。
3. 你妈妈看起来比我妈妈_____一些。

4. 我虽然年纪老了，但我的心还_____着呢！
5. 我们公司新来了一位_____的大学生。
6. 我们学校的_____教师占80%。
7. 这是一个_____的城市，充满了活力。
8. 你才50岁，还_____。

二、用"年轻"或"年青"填空：

我是个__1__的德国人，今年22岁。今年2月来到中国南方的一所大学学习汉语，这所大学才有20多年历史，是个__2__的学校。教我们汉语的，有__3__老师，他们__4__、热情；也有年纪大的老师，他们亲切、友好。年纪最大的是张老师，她50多岁，但看起来挺__5__的。

努力　认真

一、选择合适的词语填空：
1. 你工作比小刘_____多了。
2. 别人都在_____做作业，只有他一个人在睡觉。
3. 爸爸经常鼓励我，让我_____学习。
4. 我们一起_____，一定能完成任务。
5. 你这篇作文写得一点儿也不_____。
6. 她_____让自己站起来，但还是不行。
7. 希望你继续_____，取得更好的成绩。

二、选择合适的词语填空：

（认真　努力　认认真真　努力努力　努一把力　尽最大努力）

1. 阿里做作业非常_____，很少出错。
2. 这篇作文里有很多错字，你必须_____地检查一遍。

3. 她学习很_____，周末也很少休息。
4. 只要你再_____，一定能够取得好成绩。
5. 我要_____再努力，永远不放弃。
6. 你放心，我会_____做好这件事的。

女的　女人

一、选择合适的词语填空：
1. 这小孩是_____，不是男的。
2. _____们在一起，往往特别热闹。
3. 你看，那个_____又在和别人吵架。
4. _____也可以和男人一样赚钱养家。
5. 外面有一个_____要见你。
6. 她是个很爱漂亮的_____。
7. 你可不能小看_____的作用。
8. 我们班男生只有九个，其他的都是_____。

二、选择合适的词语填空：
1. 不少_____都喜欢逛街买衣服。
   A. 女的　　B. 女人　　C. 两个都对
2. 他_____对他很好，每天都给他做饭。
   A. 女的　　B. 女人　　C. 两个都对
3. 虽然孩子还没出生，但她觉得应该是_____。
   A. 女的　　B. 女人　　C. 两个都对
4. 这是我们_____的事，你别问。
   A. 女的　　B. 女人　　C. 两个都对
5. 我们的老师都是男的，只有王老师是_____。
   A. 女的　　B. 女人　　C. 两个都对

P

普通　一般

一、选择合适的词语填空：

1. 我们公司_____星期五下午开会。
2. 他们都是这里的_____工作人员。
3. 今天他在比赛中表现得很_____，只得了三分。
4. 这可不是一个_____的足球，上面有贝克汉姆的签名！
5. 这件衣服样式很_____，我不想买。
6. 他已经从急救室出来，被送到_____病房了。
7. 我想跟大家一样，过_____的生活。
8. 这件礼物对我来说，意义不_____。

二、选择合适的词语填空：

（一般　普通　一般来说　普普通通的　很普通　很一般　不一般　普通人）

1. 这部电影表现了一群_____的工作和生活。
2. 她是市长，也是一个_____女人。
3. 我晚上_____都在家吃饭。
4. 这篇文章写得_____，还需要修改。
5. _____，女人的语言能力比男人强。
6. 他俩从小一起长大，关系可_____。
7. 我们俩就是_____朋友，不是恋爱关系。

8. 这个书名看起来_____，没什么特别的。

R

然后　以后

一、选择合适的词语填空：

1. 这件事我们_____再说吧。
2. 我们先吃饭，_____再去看音乐会。
3. 起床_____喝杯开水对身体很好。
4. 希望我们_____常联系。
5. 你先去洗手，_____再吃饭。
6. 这次旅行我打算先去桂林玩儿几天，_____再去云南。
7. 从那_____我们没再见过面。
8. 客人们首先参观了图书馆，_____又去教学楼听了一节课。
9. _____的事情_____再说。

二、把合适的词语放在正确位置上：

（然后　以后）

1. 去那个地方晚上__A__10点__B__就没有车了。
2. 你先弄清楚__A__多少人，__B__决定订几间房。
3. 他已经16岁了，__A__还能__B__再长高吗？
4. 考完试__A__你们打算做什么？__B__去旅游吗？
5. 今天我洗了衣服__A__收拾了房间，__B__又去市场买了很多菜。

6. 为了 __A__ 能找到好工作,我们 __B__ 来中国学习汉语。
7. 我每天回到家, __A__ 先喝一杯茶, __B__ 再吃饭。
8. 明天 __A__ 我要先去银行, __B__ 还要给工人们发工资。

认识　知道

一、选择合适的词语填空:

1. 我不_____这个字怎么写。
2. 这个字我不_____,你去问别人吧。
3. 您不_____我了?我是您以前的学生张娜。
4. 我_____那个人,但是不_____。
5. 我不_____他已经回国了。
6. 我俩早就_____了,现在还在同一家公司工作呢。
7. 他根本没有_____到自己的错误。
8. 我们应该换个角度来_____这个问题。

二、选择合适的词语填空:

(认识　不认识　知道　不知道　了解　不了解　最了解　认识一下)

1. 我_____他的电话,你告诉我吧。
2. 你们_____吧,这是吕强,来自德国。
3. 我和他不熟,他的情况我_____。
4. 这个班的情况,王老师_____,你去问她吧。
5. 你_____刘丽去哪儿了吗?
6. 你_____李力吗?这个人怎么样?
7. 这几位我都_____,你给介绍介绍吧。

8. 我和他早就_____了，是老朋友了。

认为　觉得

一、选择合适的词语填空：
1. 大家都_____周明是我们班最聪明的。
2. 传统的观点_____多吃菠菜可以预防贫血。
3. 我_____有点儿不舒服，想出去走走。
4. 专家们_____这些游戏对幼儿大脑的发育很有利。
5. 北京大学一直被_____是中国最好的大学之一。
6. 吃了药，我_____好一点儿了。
7. 我_____这个时候去不太合适。
8. 你怎么穿这么多衣服？我一点儿也不_____冷。
9. 你_____这里用哪个词合适？

二、选择合适的词语填空：

（一点儿也不觉得　一直觉得　被认为　我觉得　觉得　认为　科学家认为）

1. 这个电影大家都说好，可_____没意思。
2. 今天忙了一天，可我_____累。
3. 这部小说_____是我国近10年来最好的作品之一。
4. 不知道怎么回事，我这几天_____饿，想吃东西。
5. 经过研究，_____颜色跟人的性格是有一定关系的。
6. 我一个人在家睡不着，总_____有人会进来。
7. 学校_____这件事双方都有责任。

认为　以为

一、选择合适的词语填空：

1. 他被_____是中国当代最优秀的导演之一。
2. 我_____你今天有课，所以没告诉你。
3. 我还_____你不来了。
4. 你不要_____自己什么都是对的。
5. 我_____他还没结婚呢，没想到孩子都五岁了。
6. 我_____她这样做是不对的。
7. 大家都_____这个计划是最好的。
8. 我们已经讨论过了，_____你的建议非常好。

二、选择合适的词语填空：
（以为　认为　觉得）

1. 这款手机一直被_____是现在最好的手机。
2. 你真_____小王不知道这件事吗？
3. 忙了一天，现在_____有点儿累。
4. 别_____他什么都不知道，他心里很清楚。
5. 他们都说今天的考试很难，可我不_____难。
6. 我_____有点儿热，开空调吧。
7. 我等你半天了，_____你不来了。
8. 许多经济学家都_____今年房价变化不会很大。

日　号

一、选择合适的词语填空：

1. 你的生日是几月几_____？
2. 你几_____去北京？

3. 分别多_____，非常想念。
4. 今天是二十几_____啊？
5. 从 7 月 12_____到 15_____，是期末考试时间。
6. 广州今_____中到大雨，明_____小雨。
7. 他们说好三_____后在华山见面。

二、选择合适的词语填空：

（几号　几日　五号　五日　每日　多少号）

1. _____前我见过此人。
2. 我们准备在这里住_____，然后去上海。
3. 他_____走的，我都不记得了。
4. 今天是三月_____，爸爸的生日。
5. 今天是六月_____？
6. 这种药_____三次，每次两片。

日　天

一、选择合适的词语填空：

1. _____变冷了，要注意身体，不要感冒。
2. _____不早了，我该回去了。
3. 天气预报说，明_____将有中到大雨。
4. _____黑了，走路要小心。
5. _____落的时候，这里的风景很美。
6. 中国的儿童节是几月几_____？
7. 这几天都是阴_____，没有太阳。

二、用"日"或"天"填空：

今__1__是星期__2__，__3__很蓝，又是一个大晴__4__。我们一家人决定一起去登泰山。我们到山顶的时候__5__已经快黑了。山顶的空气很好，抬头一看，__6__上有许多星星，美极了。我们决定在山上住一个晚上，第二__7__早上起来看__8__出。

S

时候　时间

一、选择合适的词语填空：

1. _____不早了，咱们不聊了，睡觉。
2. 在大学读书的_____，我常常去一食堂吃饭。
3. 你知道开会的_____和地点吗？
4. 最近一段_____我没见到他，不知道他在忙什么。
5. 我刚来的_____，一点儿也不习惯这里的生活。
6. 他学习汉语的_____虽然不长，但已经说得不错了。
7. 现在是什么_____了？你还在睡觉？
8. 吃饭的_____少说话。

二、选择合适的词语填空：

（没时间　一段时间　时间短　多长时间　小时候　开始的时候　那时候　到时候）

1. 你打算在这里学习_____？半年还是一年？
2. 刚_____，他有点儿紧张，后来就越说越好了。
3. 下个星期考试，我现在_____去打球。
4. 我第一次来广州是1993年，_____这里还是一片菜地。

5. ＿＿＿＿＿＿＿＿，爸爸常常带我去看电影。
6. 我下周一来拿东西，＿＿＿＿＿＿＿＿给你电话。
7. 最近＿＿＿＿＿＿＿＿小君心情不太好，你多跟她聊聊。
8. 我们认识＿＿＿＿＿＿＿＿，互相并不太了解。

事　事情

一、选择合适的词语填空：

1. ＿＿＿＿＿＿＿＿很简单，不用担心。
2. 明天还有很多＿＿＿＿＿＿＿＿要做，早点儿睡吧。
3. 我们不能只看到＿＿＿＿＿＿＿＿的一个方面。
4. 儿子要结婚了，这可是件大喜＿＿＿＿＿＿＿＿。
5. 她这几天不太爱说话，好像有什么心＿＿＿＿＿＿＿＿。
6. 有什么＿＿＿＿＿＿＿＿明天再说。
7. ＿＿＿＿＿＿＿＿已经决定了，就不要再想了。
8. 这是别人的家＿＿＿＿＿＿＿＿，不用我们管。

二、选择合适的词语填空：

（麻烦事　开心事　事情的经过　这种事情　一件小事）

王雪梅和张丽丽吵架了。　1　是这样的：前些天，丽丽可能遇到了一些　2　，心情不好。今天下午丽丽在宿舍躺着，而雪梅呢，不知道想到了什么　3　，一边写作业一边唱歌。丽丽不高兴了，大喊了一声："别唱了！"雪梅说："我爱唱，怎么了？"结果，两人就为这么　4　吵起来了。你说，　5　我们男生要不要关心一下呢？

睡　睡觉

一、选择合适的词语填空：

1. 他每天写完作业后才_____。
2. 忙了一天了，快_____吧。
3. 他_____得正香，别打扰他。
4. 都快半夜了，怎么还不_____？
5. 沙发上还可以_____一个人。
6. 他太困了，从晚上一直_____到第二天下午。
7. 你怎么_____在她家里了呢？
8. 最近太忙，他每天只_____三四个小时。
9. 他_____的时候，屋里不能有一点儿声音。
10. 我_____一直不太好。

二、选择合适的词语填空：

（睡　睡觉　睡到　睡不着觉　在睡觉　睡一会儿　没睡好）

1. 每次到了新地方，汤姆总是_____。
2. 他起得早，_____得晚，总是忙个不停。
3. 他每天都_____上午10点。
4. 他太累了，让他_____吧。
5. 昨晚她_____，今天一点儿精神也没有。
6. _____就像是给身体充电。
7. 玛丽_____，你别影响她！

T

他 她 它

一、选择合适的词语填空：

1. 我哥哥当时在场，这件事_____很清楚。
2. 妈妈很伟大，_____养大了我们兄弟俩。
3. 这瓶子破了，把_____扔了吧！
4. 一个人如果不学习，_____就永远不会进步。
5. 这书我就不带走了，把_____送给你吧。
6. 大家坐在一起，你一句，_____一句，聊得很开心。
7. 我在网上认识的，不知道_____是男的还是女的。
8. 我们祝福祖国母亲，希望_____永远年轻美丽。

二、选择合适的词语填空：

（他 她 它 他们 她们 它们）

1. 这种花有毒，你别碰_____。
2. 这是我哥哥，_____的名字叫罗西。
3. 我们的老师是一名年轻的女老师，_____才比我们大五岁。
4. 阿里，你看那几只熊猫，_____多可爱啊！
5. 这些学生学习特别努力，_____中有的人已经通过了 HSK6 级。
6. 广州、北京都是我的故乡，我永远爱_____！

太 真

一、选择合适的词语填空：

1. 这个人_____不讲理，别跟他说了。
2. 从这里去亚运村要转几次车，_____不方便。
3. 这双鞋_____贵了，有没有便宜点儿的？
4. 这次考试题目那么难，要考及格_____不容易了。
5. 这件事情_____奇怪啊！
6. 他小小年纪就懂得这么多，_____不简单。
7. _____大的箱子不行，我拿不动。
8. 我不能吃_____甜的东西。
9. 这个问题不_____复杂，比较容易解决。

二、选择合适的词语填空：

（很 真 太 极 非常）

1. 李金学习_____认真，成绩也很好。
2. 法语_____难学了！我学了这么久还不会说。
3. 要想当一个好的翻译，真的_____难了。
4. 我有一个_____好的朋友，最近写了一本书。
5. 姐姐_____高兴地对我说："告诉你一个好消息，我找到工作了！"
6. 你做的菜味道好_____了！
7. 今天工作了一天，_____累啊！
8. _____贵的我买不起，_____便宜的又看不上。

听　听到　听见

一、选择合适的词语填空：

1. 这几天你_____什么消息没有？
2. 我_____错了，我把"七"听成了"一"。
3. _____这件事，我真的很不开心。
4. 你刚才_____他们说什么？
5. 先_____两遍，再做练习。
6. 刚才好像有人叫你，你_____没有？
7. 你大声点儿，我_____不清楚。
8. 他回来了，我_____他走路的声音了。

二、选择合适的词语填空：

（没听到　听见没有　听不见　听得到　不听　没听过　听得很清楚　听一会儿）

1. 你_____？玛丽在叫你呢。
2. 你怎么能_____邓丽君的歌曲呢？
3. 我_____，是下午两点半开始。
4. 好久_____她的消息了，不知道她现在过得怎么样。
5. 这张 CD 我现在_____，你拿去吧。
6. 睡觉前，我都要_____音乐。
7. 我离他太远，_____他在说什么。
8. 喂，喂，你_____我的声音吗？

同学　学生

一、选择合适的词语填空：

1. 小李是我的同班_____。

2. 我们学校有两千多名_____，一百多名教师。
3. 他有个中学_____在医院工作。
4. _____，请帮一下忙。
5. 王老师，我希望能当您的_____，跟您学习画画儿。
6. 玛丽_____是我们班的班长。
7. 这个班的_____来自世界各地。

二、用"同学"或"学生"填空：

王明和我是大学__1__，毕业后一起留在大学里当老师。因为我们刚刚毕业，所以看起来很像__2__。记得我第一次去给__3__上课的时候，有一个__4__以为我走错了教室，跟我说："这位__5__，这个教室等会儿要上课，麻烦您到其他教室去学习。"听了他的话，我有点儿不好意思，但只是笑了笑，走上讲台（platform），大声地说："__6__们，我们现在开始上课。"说完后，我注意到刚才跟我说话的那位__7__的脸马上红了。

W

完　完成

一、选择合适的词语填空：

1. 今天的生词已经复习_____了。
2. 会议已经开_____了。
3. 我看周末前_____不了这个项目。
4. 他提前一天_____了工作。
5. 我马上就写_____了，你等等我。

6. 老师交给他的事情他总能_____得又快又好。
7. 酒快喝_____了，再来一瓶吧。
8. 故事还没_____，明天接着讲。
9. _____了，我忘带课本了!

二、用"完"或"完成"填空：

A：小明，你的作业做__1__了吗？

B：妈妈，我早就做__2__了!

A：那练__3__钢琴了吗？

B：没有。我今天不想练了。

A：那怎么行呢？你必须__4__每天一个小时的练习计划。

B：一个小时太长了，我__5__不了！要不我就练半个小时，行吗？

A：好吧，你必须练__6__才能出去玩儿。

B：我保证__7__任务后再去玩儿。

A：对了，家里的白糖快吃__8__了，你等会儿出去的时候帮妈妈买一斤白糖回来。

忘　忘记

一、选择合适的词语填空：

1. 别_____了帮我买书。
2. 小时候的事情，我差不多都_____了。
3. 不好意思，我_____这个词怎么读了。
4. 我怎么能_____你呢？
5. 前几天学的生词我都_____光了。
6. 你不要_____你刚才说的话。
7. 我可能把雨伞_____在饭店里了。

8. 刚才出门我_____了带钱包，只好回来拿。

二、选择合适的词语填空：

（忘掉　忘不了　忘得快　令人难忘　忘记过去　难以忘记　不会忘记　忘记时间）

1. 这事都过去那么多年了，难道你还_____吗？
2. 看到这些照片，又想起那些让我_____的人和事。
3. 上个星期你对我说的话，难道你就_____了吗？
4. 他的表演很精彩，_____。
5. _____，才会有新的开始。
6. 我永远也_____你对我的好。
7. 今天在 QQ 上跟人聊天儿，聊得都_____了。
8. 我学得快，也_____，怎么办？

为　为了

一、选择合适的词语填空：

1. _____给孩子看病，他这个月已经请了好几天假了。
2. _____尽快恢复健康，他每天坚持打太极拳。
3. 我不知道自己能_____他做点儿什么。
4. 他_____这件事跟大卫吵起来了。
5. _____大家的安全，请不要酒后开车。
6. 刘老师_____孩子已经放弃了好几次出国机会。
7. 我已经长大了，你们以后不用_____我担心了。
8. _____会议的顺利进行，我们已经忙了一个月了。

二、把合适的词语放在正确位置上：

（为　为了）

1. __A__看她这么辛苦，我很想__B__她做点什么。

2. __A__ 孩子的读书问题，__B__ 张勇已经找了好几所学校。

3. __A__ 我在中国生活了三年了，我来中国就是__B__ 学习汉语。

4. __A__ 杰森得了作文比赛第一名，大家都__B__ 他高兴。

5. __A__ 能说一口流利的汉语，__B__ 他常常跟中国朋友一起聊天儿。

6. 你这么辛苦是__A__ 什么？__B__ 身体健康才是最重要的。

为了　因为

一、选择合适的词语填空：

1. _____堵车，我今天迟到了半个多小时。
2. 我不想_____这么一件小事去麻烦别人。
3. _____考上好的大学，她每天都学习到晚上 11 点。
4. _____一点儿小事，他们大吵了一架。
5. _____不迟到，我早上七点多就出发了。
6. 我不明白，你这样帮他是_____什么？
7. 我们没去三亚是_____买不到飞机票。
8. 他_____父母反对而放弃了这次出国机会。

二、把合适的词语放在正确位置上：

（为了　因为）

1. 我__A__ 在这里租房子，主要是__B__ 这里比较安静。
2. __A__ 你们俩吵了半天，就__B__ 这么一件小事？
3. 他们__A__ 买房，到处__B__ 找人借钱。
4. 钱虽然很重要，但我们__A__ 活着并不只是__B__ 钱。

5. 我　A　想当老师，　B　我喜欢跟孩子们在一起。
6. 他今天请假没来上班，　A　是　B　孩子发烧了。

X

希望　愿意

一、选择合适的词语填空：

1. 我不_____他留在这里。
2. 丽丽，做我的女朋友吧，你_____不_____？
3. _____您明天能参加会议。
4. 我只有一个_____，那就是能够顺利毕业。
5. 青少年是国家的未来，国家的_____。
6. 他如果不_____去就算了，别为难他。
7. 我_____做饭，不_____洗碗。
8. 我_____你能来帮帮我。

二、用"希望"或"愿意"填空：

今天上课的时候，老师告诉我们要选班长，问我们　1　谁当班长。大家刚开始都不说话，过了一会儿，小文大声地说："我　2　阿里当班长！"我一听，脸马上红了。这时，其他同学也大声地说："对，阿里当班长很合适！"老师笑着对我说："阿里，大家都　3　你当班长，你　4　吗？""我……我……"我虽然心里　5　，但还是不好意思说。这时，全班同学都一起喊："阿里！阿里！"我被大家的热情感动了，红着脸说："我　6　试试。"老师听了很高兴，她对我说："太好了，

___7___你能做一名好班长！"这时，班里又响起了热烈的欢呼声……

希望　祝

一、选择合适的词语填空：

1. _____你早日实现愿望。
2. _____这个东西对你有用。
3. 父母都_____孩子长大以后能成才。
4. 李老师，_____您教师节快乐！
5. 他唯一的_____是能回老家看一看父母。
6. 这样的结果是我不_____看到的。
7. _____大家新年快乐，万事如意！
8. 我非常_____得到您的帮助。

二、选择合适的词语填空：

1. 这是我送给你的礼物，_____你喜欢。
   A. 希望　B. 祝　C. 两个都对
2. 我们明天打算去爬山，_____明天不要下雨。
   A. 希望　B. 祝　C. 两个都对
3. _____你明天顺利通过面试！
   A. 希望　B. 祝　C. 两个都对
4. 他_____自己将来能成为一名老师。
   A. 希望　B. 祝　C. 两个都对
5. 在生日晚会上，大家一起_____阿里生日快乐。
   A. 希望　B. 祝　C. 两个都对
6. 今天是中秋节，在这里我_____大家中秋快乐。
   A. 希望　B. 祝　C. 两个都对

~下来 ~下去

一、选择合适的词语填空:

1. 火车怎么慢_____了? 是不是到站了?
2. 这样的活动非常好,以后还要继续_____。
3. 这条路是我选择的,我一定要走_____。
4. 我们等了这么久,还要等_____吗?
5. 上课铃响了,老师走进教室,同学们都安静_____了。
6. 你说得很好,继续说_____。
7. 他差不多200斤了,不能再胖_____了。
8. 你把他的电话号码记_____没有?
9. 我打开空调,屋里一会儿就凉_____了。

二、把合适的词语放在正确位置上:
(下来 下去)

1. 我喜欢__A__现在的工作,我会一直干__B__。
2. 你再__A__说__B__,他会生气的。
3. 我有些累了,坚持__A__不__B__了。
4. 他从书架上拿__A__一本书__B__交给我。
5. 他留__A__的这些东西__B__怎么办? 送人还是卖了?
6. 别忙__A__了,咱们坐__B__聊一会儿吧。

相同 一样

一、选择合适的词语填空:

1. 兄弟俩在家吃的是_____的饭菜,怎么就一个胖一个瘦呢?
2. 我们用的方法不同,但结果_____。

3. 你不喜欢吃三文鱼，我也_____。
4. 这两条裙子_____漂亮，我都喜欢。
5. 我和他成长的环境_____，很多看法也_____。
6. 她对我很好，就像我的姐姐_____。
7. 实验必须在_____环境、_____条件下进行。
8. 我跟你_____，都是去云南旅游的。
9. 玛丽很聪明，你也_____聪明。

二、选择合适的词语填空：

（相同点　不一样　相同的　不相同　一样　一样高）

1. 我跟他可_____，他喜欢热闹，我喜欢安静。
2. 这两个词的用法有许多_____，很容易用错。
3. 你俩有_____兴趣爱好，一定谈得来。
4. 这孩子长得这么快，跟他爸爸_____了。
5. 生老病死，大家都_____。
6. 这两个词读音相同，意思却_____。

想　要

一、选择合适的词语填空：

1. 我_____买点儿东西带回去，送给朋友。
2. 不_____躺着看书，对眼睛不好。
3. 天_____黑了，我们明天再去吧。
4. 我真_____变成一只小鸟，自由地飞来飞去。
5. 你一个人坐在这儿，_____什么呢？
6. 你再_____一下，东西放在哪里了？
7. 我很_____去杭州玩儿，你去不去？
8. 老师_____我们这周五前交作文。

二、用"想"或"要"填空：

A：小文，你__1__不__2__咖啡？
B：你们喝吧，我__3__喝杯酸奶。
A：你刚才说你下午__4__参加篮球比赛？
B：是啊，老师还__5__我们早点儿到学校。
A：看这天气，好像__6__下雨了，你们下午能比赛吗？
B：我__7__应该可以吧。
A：那你现在先睡一会儿。
B：我不__8__睡，我看会儿电视。

想　愿意

一、选择合适的词语填空：

1. 他_____了一会儿才回答。
2. 暑假我_____去北京，你_____跟我一起去吗？
3. 你_____清楚以后再来找我谈。
4. 我_____一会儿可能要下雨。
5. 阿里不_____一毕业就结婚。
6. 玛丽只想在宿舍睡觉，哪儿也不_____去。
7. 我想请你给我辅导汉语，你_____吗？
8. 妈妈_____让我出国留学，可我不_____。

二、用"想"或"愿意"填空：

A：小王，你毕业后__1__在哪儿找工作？
B：我还没__2__好呢。你呢？
A：我也还没__3__清楚。但我__4__应该会留在国内。
B：为什么呢？
A：我父母不__5__让我到国外工作。

B：那你自己是怎么__6__的？

A：我其实更__7__在国外工作，但在国外没办法照顾父母，所以还是留在国内吧。

想出来　想起来

一、选择合适的词语填空：

1. 我_____了，你是王大正。
2. 走到半路，我_____一件事。
3. 我_____了，这道题应该这样做。
4. 我想了好久，才_____一个好办法。
5. 我_____了，我把书借给小宁了。
6. 二十年前的事了，我实在_____不_____了。
7. 毕业论文写什么呢？我想了好几天，总算_____一个题目。
8. 玛丽的电话号码你_____没有？

二、选择合适的词语填空：

（想不起来　想不出来　想起来　想出来）

1. 你_____没有？你刚才把手机放哪里了？
2. 这些名字都是他_____的，他太有才了。
3. 论文题目太难想了，我_____。
4. 两年前我们在广州见过面，你_____了吗？
5. 他脑子里乱七八糟，什么事都_____了。
6. 这个字该怎么写，我一下子_____了。
7. 这种流行歌曲和京剧结合的形式太好了，你是怎么_____的？

小时　钟头

一、选择合适的词语填空：

1. 你们休息了好几个_____了，该工作了。
2. 据天气预报，这场大雨将会持续两_____。
3. 高速公路上的行驶速度一般为每_____100公里。
4. 他才去了半个_____就回来了。
5. 他已经连续工作超过36_____了。
6. 我用了两个_____三十五分钟才把试卷写完。

二、用"小时"或"钟头"填空：

A：玛丽，你怎么了？不舒服吗？

B：我没事，就是有点儿困。我昨夜只睡了4个__1__。

A：你怎么睡那么少？

B：我一想到还有几个__2__就要见到爸爸妈妈就兴奋得睡不着。

A：原来是这样。那你赶快睡一会儿吧，飞机还有一个多__3__才降落呢。

B：现在几点了？

A：现在还不到7:00呢。

B：我们已经坐了三个多__4__了，飞机几点降落？

A：刚才乘务员说全程是5__5__20分钟，应该是8:50左右降落。

B：那还有差不多两__6__呢。

小心　注意

一、选择合适的词语填空：
1. 天气突然变冷了，你要_____身体。
2. 爸爸很_____锻炼身体。
3. 你的腿还没好，走路时一定要_____。
4. 朗读课文的时候要_____声调。
5. 别爬这么高，_____掉下去。
6. 不管去哪里都要_____安全。
7. 你穿这么少，_____感冒了。

二、选择合适的词语填空：
（小心　不小心　注意　不注意　没注意）
1. 他是一个办事很_____的人，从来不马虎。
2. 我_____摔倒了，腿有点儿疼。
3. _____！别掉下去。
4. 我再放一遍录音，你们要_____听。
5. 我只是随便看了一下，_____看它们有什么不同。
6. 天气冷了，_____保暖的话就很容易感冒。

新　新鲜

一、选择合适的词语填空：
1. 这就是你_____买的手机吗？
2. 这盘三文鱼一点儿也不_____。
3. 对他来说，电脑还是个_____东西。
4. 如果你继续努力，一定会有_____的进步。
5. 我刚买的草莓，很_____。

6. 咱们去山上走走吧，呼吸呼吸_____空气。

二、选择合适的词语填空：

（新　新鲜　很新　很新鲜　不新鲜　新朋友）

1. 鱼和肉都有了，再买点儿_____蔬菜吧。
2. 这个手机还_____，你怎么就不要了呢？
3. 今天我们班来了个_____同学。
4. 每到一个地方，我都会交上几个_____。
5. 这些荔枝已经_____了，再不吃就坏了。
6. 来到一个新环境，他觉得什么都_____。

需要　要

一、选择合适的词语填空：

1. 父母总是会想办法满足孩子的各种_____。
2. 我现在很_____一笔钱。
3. 这个问题我_____考虑一下才能答复你。
4. 妈妈今天_____我早点儿回家，我得走了。
5. 我一定_____去中国学习汉语。
6. 这种车大概_____20万人民币。
7. 考试就_____开始了。

二、用"需要"或"要"填空：

A：大卫，我明天早上__1__去书店，你一起去吗？

B：你怎么又__2__去呢？上个星期不是刚去过吗？

A：我__3__买一本汉语词典，上周去的时候已经卖完了。

B：啊，我也很__4__一本！可是我明早十点就__5__参加系里的歌唱比赛，来不及去买了。

A：那我帮你买吧。你__6__带英文翻译的吗？

B：我觉得不　7　。
A：好的。

学　学习

一、选择合适的词语填空：
1. 为了迎接奥运会，现在很多老人都在_____英语。
2. 这是一次很好的_____机会。
3. 在我们班，大兵_____得最好。
4. 他们每天都_____到11：00点左右。
5. 我才_____了一个月汉语，不太会说。
6. 你没_____懂，当然不会做题。
7. 他玩儿的时间太多，_____时间太少。
8. 每次回家，你们只跟我谈_____，没意思。

二、选择合适的词语填空：
（学好　学一学　学不好　学得很好　学会　学习成绩　学习方法　爱学习）

1. 你没认真学，当然_____。
2. 我要_____外语，以后当一名翻译。
3. 小强就喜欢玩游戏，一点儿也不_____。
4. 小平数学_____，其他功课一般。
5. 他平时_____很好，但这次考试却没考好。
6. 你这么会做菜，我要跟你好好_____。
7. 我今年一定要_____开车。
8. 你的成绩不好，是因为你的_____有问题。

Y

要　要求

一、选择合适的词语填空：
1. 我认为，对自己应当严格_____。
2. 你对男朋友有什么_____吗？
3. 这台电脑大概_____多少钱？
4. 老师_____我们做个有理想的人。
5. 听说你明天_____去南京，是吗？
6. 香港的公司_____我们10天内发货。
7. 我_____一杯咖啡，你_____什么？

二、选择合适的词语填空：
（要　要求　不要　不要求　没要　没要求）
1. 我_____你每次都考第一名，只要每次都有进步。
2. 你有什么_____，尽管说。
3. 王老师昨天_____我们做会话练习。
4. 我要了一杯茶，_____咖啡。
5. 这本书我_____了，你拿去吧。
6. 我_____吃鸡肉，他_____吃牛肉。

也　又

一、选择合适的词语填空：
1. 他会说英语，_____会说法语，很适合做这份工作。

2. 李娜_____拿了一个冠军。
3. 这里空气很好，人_____不多，我很喜欢来这里。
4. 他不知道，你_____不知道？
5. 这里的衣服_____好看_____便宜。
6. 票_____买了，礼物_____买了，我们赶快去吧！
7. 他刚才一句话_____没说就走了。
8. 我收拾了一下房间，_____洗了几件衣服。

二、把合适的词语放在正确位置上：

（也　下）

1. 毕业证拿了，__A__ 工作 __B__ 找到了，我不用担心了。
2. 这个电影 __A__ 我以前看过，昨晚我 __B__ 看了一遍。
3. 他们去，我们 __A__ 一起 __B__ 去吧。
4. 飞机票买好了，行李 __A__ 收拾好了，我们 __B__ 明天就可以出发了。
5. 你怎么 __A__ 来了？这件事 __B__ 我们没办法帮你。
6. 我早上 __A__ 吃了饭，刚才 __B__ 吃了一个面包。

一点儿　一些

一、选择合适的词语填空：

1. 你等会儿，我有_____事情想跟你商量商量。
2. 这篇文章我已经读完了，不过有_____句子的意思我不是很清楚。
3. 他做事没有_____计划，太随便了。
4. 你跟她说了_____什么话？她怎么这么不高兴。
5. 你去别的教室搬_____椅子过来。
6. 他比我高_____，我比他胖_____。

7. 我去过中国西部的_____城市。

二、把合适的词语放在正确位置上：

（一点儿　一些）

1. 他学习比以前　A　努力　B　了。
2. 把事情想　A　简单　B　，你会更快乐。
3. 我们　A　学校的　B　老师假期要去北京学习。
4. 那件事我　A　也　B　不知道，你别问我。
5. 早饭他　A　都没吃就　B　走了。
6. 最近你　A　胖了　B　。

一点儿　有点儿

一、选择合适的词语填空：

1. 这件衣服_____大，麻烦你给我一件小_____的。
2. 刘刚_____犹豫，他不是很想参加这次活动。
3. 我昨天_____不舒服，现在好_____了。
4. 我身上还_____钱，都给你吧。
5. 这本书别的都好，就是练习题难了_____。
6. 他很兴奋，_____都不想睡觉。
7. 你坐一会儿，我去楼下买_____吃的东西。
8. 要迟到了，你动作快_____。

二、把合适的词语放在正确位置上：

（一点儿　有点儿）

1. 这件衣服　A　贵　B　，我不想买了。
2. 今天打球的人　A　多　B　，订不上场地。
3. 这件衣服比那件衣服　A　贵　B　，再看看吧。
4. 他常常说　A　假话，我现在　B　也不相信他。

5. 周围没有一个人，小强　A　害怕　B　了。
6. 菜的味道不错，要是　A　淡　B　就更好了。
7. 你　A　有空吗？我　B　事情想跟你说说。
8. 咖啡有点儿苦，再加　A　糖　B　吧。

一块儿　一齐　一起

一、选择合适的词语填空：

1. 听到电话响，两个孩子_____跑过去接电话。
2. 此时，几十位演员_____走上舞台，_____唱起了《同一首歌》。
3. 爷爷和奶奶_____生活了50年，今天是他们的金婚纪念日。
4. 让我们_____保护我们共同的家园——地球。
5. 下周一，各大超市_____推出优惠活动。
6. 刚才，田中和安娜在_____。
7. 他和农民们_____劳动，_____生活。
8. 世界各地的人们_____敲响了新年的钟声。
9. 让我们_____为实现理想而努力吧。

二、用"一块儿""一齐"或"一起"填空：

A：玛丽，你看到丽莎了吗？
B：刚才在图书馆看到她和麦克在　1　。
A：我去找她。
B：我也去，咱俩　2　走吧。听说你下周就回国，是吗？
A：是的。我和丽莎　3　回国。我们俩　4　来，　5　走。
B：咱们　6　学习了两年，这段时间很难忘。

一些　有些

一、选择合适的词语填空：

1. 对这个比赛结果，他_____失望。
2. 儿子还没有回来，他_____着急。
3. 老师回答了_____和考试有关的问题。
4. 老师借给我_____书，让我好好看看。
5. 来上课的同学，_____是中国人，_____是外国人。
6. 对面的教室_____椅子没人坐，你们去搬来吧。
7. 刚才睡了一觉，感觉舒服了_____。
8. 我的菜太多，吃不完，给你_____吧。

二、用"一些"或"有些"填空：

A：这双鞋我穿__1__紧，感觉__2__不舒服，麻烦你给我拿一双大__3__的。

B：好的。您试试这双。

A：我试试。哎呀，这双还大__4__。

B：我看看。您这是37码的，我再拿一双36码半的给您。

A：谢谢。这双合适，多少钱？

B：698元。

A：这么贵？能不能便宜__5__？

B：这是刚出的新鞋。您穿在脚上真的很漂亮。我可以给您9折。

A：还是__6__贵。我再去别的商店看看。

一直　总是

一、选择合适的词语填空：

1. 她俩刚才_____在操场散步。
2. 这么多年过去了，我还_____爱着他。
3. 每次发言，他_____很紧张。
4. 不知道发生了什么事，整个晚上她_____哭个不停。
5. _____往东走，就是邮局。
6. 洗完澡，他_____忘记关灯。
7. 李明_____忙到晚上 9：00 才下班。
8. 夜晚一个人走路，我_____很害怕。

二、把合适的词语放在正确位置上：

（一直　总是）

1. __A__ 读大学的时候，她俩 __B__ 一起去教室，一起去吃饭。
2. 每次见到我，他 __A__ 热情地 __B__ 跟我打招呼。
3. 毕业后，我 __A__ 在上海 __B__ 工作，今年才回到广州。
4. 奶奶 __A__ 最近 __B__ 生病，我们都很着急。
5. 今天事情太多，我 __A__ 忙到晚上 __B__ 10：30 才回家。
6. 你怎么 __A__ 迟到？ __B__ 说了你多少次了，还是没改。
7. 你 __A__ 从这儿 __B__ 往前走，然后向左转，再走三四十米就到了。

有的　有些

一、选择合适的词语填空：

1. 今天的工作太多，我_____累，想早点儿下班回家。

2. 孩子一个人出门，妈妈_____不放心。
3. 我还_____事情没做完，你先走吧。
4. 今天下大雨，_____同学没来上课。
5. 我们班的同学，_____喜欢吃越南菜，_____喜欢吃泰国菜。
6. 这几个留学生的名字很有意思，_____叫夏天，_____叫豆奶。
7. 你买回来的东西，_____是没用的。

二、用"有的"或"有些"回答问题（用上括号中的词语）：
1. 小明，你怎么了？脸色这么白？（不舒服）
_____
2. 你们班同学喜欢什么体育运动？（踢足球、打篮球）
_____
3. 你为什么不愿意跟他一起租房住？（不太方便）
_____
4. 王兰，你找我干什么？（事情、商量）
_____
5. 这些客人你都认识吗？（认识、不认识）
_____

有点儿　有些

一、选择合适的词语填空：
1. 这件衣服_____大了，麻烦你给我换一件。
2. 你有空吗？我_____事情想跟你说说。
3. 我在广州还_____朋友，但平时很少联系。
4. 咱们班_____同学已经找到工作了。

5. 这个时间去_____早,喝点儿茶再去吧。
6. 你在网上买的水果,_____已经坏了。
7. 家里_____没用的书,我想送给需要的人。

二、选择合适的词语填空:

(一点儿 有点儿 一些 有些 有的)

1. 我最近_____朋友要来广州旅游。
2. 你比我瘦_____,穿这条裙子更好看。
3. 你已经长大了,应该帮父母做_____家务。
4. 老师,你讲得太快了,我_____也听不懂。
5. 老师回答了同学们提出的_____问题。
6. 这个房间_____小,能不能换一间大的?
7. 我们班_____同学很喜欢打篮球。
8. 他们几个人,_____擦窗户,_____扫地,_____擦桌子,一会儿就把房间打扫干净了。

又 再

一、选择合适的词语填空:

1. 他刚喝了杯可乐,现在_____要喝雪碧。
2. 他走了以后就没_____回来。
3. 大学毕业之后,我_____没见过他。
4. 你昨天怎么_____没来上课?
5. 天气预报说明天_____会下雨。
6. 以后他如果_____来找我,我该怎么对他说?
7. 今天去找他,他没在,我想明天_____去一次。
8. 欢迎玛丽_____为我们唱首歌。

二、把合适的词语放在正确位置上：
（又　再）

1. 快来吃饭了，__A__不__B__吃，饭菜就凉了。
2. 我__A__不困，我__B__看半小时书就睡觉。
3. 钱包要放好，不__A__要__B__被人偷了。
4. 我__A__大学毕业后，__B__没跟她联系。
5. 现在去太晚了，__A__明天__B__去买吧。
6. 我没听清楚，你__A__能__B__说一遍吗？
7. 他下午__A__要去学校__B__上课了。
8. 明天__A__是周六，我们去__B__爬山吧。

三、用"又"或"再"填空：

昨晚我__1__是很晚才睡觉，但今天我还是早早起床去上班了。今天的天气真不好，跟昨天一样，__2__下雨。在上班的路上，我遇见了以前的大学同学。毕业以后，我__3__没见过他，今天遇到他真高兴。我们一起吃了早餐，感觉好像__4__回到了大学时代。我们约好这个周末__5__好好聊聊，希望以后能常联系。

越……越……　越来越……

一、选择合适的词语填空：

1. 他走得_____快，我都跟不上了。
2. 他_____跑_____快，谁也追不上。
3. 你_____走_____快，我跟不上了。
4. 老人走得_____慢了，几乎停了下来。
5. 天_____黑了，周围一个人都没有。
6. 你_____着急，他_____不理你。

7. 学生进步_____大,老师心里_____高兴。
8. 他的声音_____小,我听不清了。

二、选择合适的词语填空:

（越贵越好　越来越糟　越想越难过　越看越喜欢　越来越热　越来越贵）

1. 现在吃饭_____,以前吃一顿饭才15元,现在要20多了。
2. 你送我的这个礼物,我_____。
3. 买东西不是_____,适合自己的才好。
4. 夏天到了,天气_____了。
5. 他们的关系_____了,一见面就吵架。
6. 事情最后是这样的结果,我_____。

Z

在　正在

一、选择合适的词语填空:

1. 夜深了,王老师还_____备课呢。
2. 大家_____商量要不要去找他,他就自己回来了。
3. 丽娜,你不是_____开玩笑吧?
4. 我最近一直_____忙着写毕业论文。
5. 我刚才看见他_____和王朋谈论着什么事情。
6. 大家都_____认真复习,你怎么还_____玩儿手机呢?

7. 他这是_____故意气你呢，别理他！
8. 下一届奥运会将_____巴西举行。
9. 我到处找你，原来你_____这儿呀！
10. 孩子们_____外面玩儿，突然下起了大雨。

二、把合适的词语放在正确位置上：

（在　正在）

1. 我__A__饭馆__B__吃饭，外面下起了大雨。
2. 你__A__按门铃的时候，我__B__睡觉呢。
3. 怎么了？你还__A__为刚才的事情__B__生气呢？
4. 我__A__看见小美哭了，她肯定又__B__想家了。
5. 张校长__A__陪客人__B__参观，咱们先开会吧。
6. 我们一直__A__都__B__跟他联系，他们决定后会马上告诉我们的。

怎么　为什么

一、选择合适的词语填空：

1. 那么重要的事情，我_____可能忘了呢？
2. 你不相信我，_____？
3. 你_____这么晚才来？大家都在等你。
4. 他是_____给你解释的？
5. _____，你还没走？
6. 大家都知道，你不知道，你说这是_____？
7. 花儿_____会开？太阳_____会下山？
8. 你让我去，你_____不去？
9. 你看我的脸_____了？好像肿起来了。

二、用"怎么"或"为什么"填空：
A：你__1__了？__2__一整天都不说话？
B：没有__3__，就是不想说话。
A：__4__？不高兴了？
B：__5__你每次都要问我？难道你不知道你哪里做错了吗？
A：你不说我__6__会知道呢？我是真的不知道你__7__生气。
B：气死我了！

怎么　怎么样

一、选择合适的词语填空：
1. 你帮了我这么大一个忙，真不知道该_____感谢你。
2. 你_____还没到？我早就到了。
3. _____，我说他一定会来吧？
4. 这个暑假我们一起去英国旅游，_____？
5. _____？这件事他难道没告诉你吗？
6. 你_____了？脸色这么差。
7. 你男朋友是_____一个人，说给我听听。
8. 你们上个星期考试了？你考得_____？

二、选择合适的词语填空：
（怎么了　怎么样　怎么　为什么　怎么办　玩儿得怎么样）
1. 他们都怕你，你知道是_____吗？
2. 你最近过得_____？忙什么呢？
3. _____？你不知道下午要开会？
4. 我问了，他们都不愿意参加，我该_____呢？
5. 你看那个人_____，躺在地上不动。
6. 你们昨天晚上_____？活动什么时候结束的？

中　中间

一、选择合适的词语填空：

1. 在教学_____老师一定要注意学生的反应。
2. 玛丽喜欢教室_____的座位。
3. 生活_____不可能没有痛苦，只有快乐。
4. 从我家到公司，_____要换一次地铁。
5. 你要是在工作_____遇到什么困难，就跟我说。
6. 这些学生_____，刘云是最认真的。
7. 一般来说，河_____是最深的。
8. 作文的题目是"我生活在幸福_____"。

二、把合适的词语放在正确位置上：

（中　中间）

1. 大家　A　都希望他能早日从痛苦　B　站起来。
2. 电影院　A　的　B　座位是最好的，看得最清楚。
3. 在所有　A　的朋友　B　，我最信任林青。
4. 以前考大学　A　很难，可能10个人　B　才有一个大学生。
5. 在这几年　A　的学习　B　，我得到了很多同学和老师的帮助。
6. 两节课连着上，　A　不休息　B　。

重要　主要

一、选择合适的词语填空：

1. 明天的会很_____，你一定不能迟到。
2. 我认为学校教育的_____任务是让孩子们快乐健康

地成长。

3. 黑板上写了一个_____通知，你自己去看看。
4. 今天找大家来，_____是商量一下国庆节的安排。
5. 他把那件事情说得那么_____，可没人愿意去做。
6. 他的一些_____作品我都看过了。
7. 我今天找你，_____跟你谈两件事。
8. 有没有钱并不_____，_____的是你爱不爱他。

二、选择合适的词语填空：

（最重要　最主要的　这么重要　重要的是　主要是　主要　重要）

1. 现在_____的问题不是缺钱，而是缺人。
2. 我有_____新闻要告诉大家。
3. 她经验不够没关系，_____她想不想做。
4. _____的活动，你怎么不叫他来参加？
5. 你给我说说这本小说的_____内容。
6. 你的意见_____，我听你的。
7. 我给你电话_____想跟你谈谈考试的事情。

住　住在

一、选择合适的词语填空：

1. 他在上海_____了一年。
2. 现在你_____哪儿？
3. 这个房间_____了10个人。
4. 王平_____701号房。
5. 我平时在学校_____，周末回家_____。
6. 我们刚下飞机，现在准备找地方_____。

7. 这个房间虽然不大,但_____久了也觉得挺好的。

二、用"住"或"住在"填空:

我是美国留学生阿里。我上个月刚来广州,现在还没有找到合适的地方 _1_ ,所以一直 _2_ 朋友家。我的朋友就 _3_ 学校附近,所以上课很方便。我在朋友家 _4_ 得很舒服,已经 _5_ 习惯了,我跟朋友开玩笑说:"如果再找不到合适的房子,那我就一直在你这儿 _6_ 下去了。"

参考答案

矮 低 短
一、1. 矮 2. 矮 3. 短 4. 低 5. 低 6. 矮
二、1. A 短 2. B 低 3. A 短 4. B 低 5. B 低 6. B 短
   7. B 短

爱 喜欢
一、1. 爱/喜欢 2. 爱/喜欢 3. 喜欢、喜欢 4. 爱/喜欢、爱/喜欢
   5. 爱 6. 爱 7. 爱 8. 喜欢 9. 爱
二、1. 爱、爱 2. 喜欢 3. 爱上 4. 不喜欢 5. 爱着
   6. 喜欢不喜欢

爱好 喜欢
一、1. 喜欢、喜欢 2. 喜欢 3. 爱好 4. 爱好/喜欢、爱好
   5. 喜欢 6. 喜欢、喜欢 7. 爱好/喜欢 8. 喜欢
二、1. B 2. B、B 3. B 4. A 5. A 6. C

爱好 兴趣
一、1. 兴趣 2. 爱好/兴趣 3. 兴趣 4. 爱好 5. 爱好/兴趣
   6. 爱好
二、1. 爱 2. 爱/喜欢 3. 喜欢 4. 兴趣 5. 兴趣
   6. 爱好/喜欢 7. 爱好/喜欢 8. 爱好/兴趣

吧 吗

一、1. 吧 2. 吧 3. 吧/吗 4. 吗 5. 吗 6. 吧/吗
　　7. 吧、吧 8. 吗
二、1. 吧 2. 呢 3. 呢 4. 吗 5. 吧 6. 呢 7. 吧 8. 吗

帮忙 帮助

一、1. 帮助 2. 帮忙 3. 帮助、帮助、帮助 4. 帮助 5. 帮助
　　6. 帮助 7. 帮助 8. 帮忙 9. 帮忙
二、1. 帮我一个忙 2. 帮你什么忙 3. 帮个忙 4. 帮忙 5. 帮助

被 叫 让

一、1. 被/叫/让 2. 被 3. 被 4. 被/叫/让 5. 被
　　6. 叫/让 7. 被 8. 叫/让
二、1. A 被 2. B 叫/让 3. A 被/叫/让 4. B 被
　　5. A 被/叫/让 6. B 被

比 比较

一、1. 比较 2. 比/比较 3. 比、比 4. 比 5. 比 6. 比较
　　7. 比
二、1. 比较 2. 比 3. 比较 4. 比 5. 比 6. 比 7. 比

必须 一定

一、1. 必须 2. 必须 3. 一定 4. 一定 5. 一定 6. 必须/一定
二、1. 必须 2. 一定 3. 一定 4. 一定 5. 一定 6. 一定
　　7. 一定 8. 必须

别 不要

一、1. 不要 2. 别/不要 3. 别/不要 4. 别/不要 5. 不要

参考答案 129

  6. 别 / 不要
二、1. 不 2. 别 / 不要 3. 不去 4. 不要 5. 别去 6. 不想
  7. 不要

别的 其他

一、1. 别的 2. 别的 / 其他 3. 其他 4. 其他 5. 别的 / 其他
  6. 其他 7. 别的 8. 别的 / 其他 9. 其他
二、1. A 别的 / 其他 2. A 其他 3. B 别的 4. B 其他 5. A 其他

别客气 不客气

一、1. 不客气 2. 别客气 3. 不客气 4. 不客气 5. 不客气
  6. 别客气 / 不客气 7. 别客气 8. 别客气
二、1. 客气 2. 不客气 3. 别客气 4. 很不客气 5. 很客气

病 生病

一、1. 生病 2. 病 / 生病、病 3. 生病 4. 病 5. 病 6. 病
  7. 病 8. 病
二、1. 去年我生了一场病。/ 我去年生了一场病。
  2. 我小时候生过一场大病。/ 小时候我生过一场大病。
  3. 他已经病了一个月了。
  4. 经常锻炼就不容易生病。/ 不经常锻炼就容易生病。
  5. 我不知道刘梅生病了。

不 没

一、1. 不 2. 不 / 没 3. 没 4. 不 5. 没 6. 不 7. 没 8. 不
二、1. 没 2. 不 / 没 3. 不 4. 没 5. 不 6. 没 7. 不 / 没
  8. 不 9. 没 10. 没 11. 没 12. 不

不比　没有

一、1. 不比　2. 没有　3. 不比　4. 不比　5. 没有　6. 没有

二、1. 不比　2. 不比　3. 不　4. 不　5. 没/没有
　　6. 没/没有、没/没有　7. 没/没有　8. 不

不对　错

一、1. 错　2. 不对　3. 错　4. 不对/错　5. 错　6. 不对/错
　　7. 不对　8. 错

二、1. 写错　2. 没错　3. 出错　4. 做得不对　5. 错字　6. 不对之处

不同　不一样

一、1. 不同/不一样　2. 不同　3. 不同　4. 不一样
　　5. 不同/不一样　6. 不同　7. 不同/不一样

二、1. B 不同　2. B 不同　3. A 不同　4. B 不同/不一样
　　5. B 不一样　6. A 不一样

不一会儿　一会儿

一、1. 一会儿、一会儿　2. 一会儿　3. 一会儿　4. 一会儿、一会儿
　　5. 不一会儿/一会儿　6. 不一会儿/一会儿
　　7. 不一会儿/一会儿　8. 一会儿

二、1. 一会儿/一下　2. 一下　3. 一次/一回　4. 一会儿/一下
　　5. 一会儿/不一会儿　6. 一会儿　7. 一次　8. 一会儿、一会儿

不再　再不

一、1. 不再　2. 不再　3. 不再/再不　4. 不再　5. 再不
　　6. 不再/再不　7. 不再/再不　8. 再不

二、1. A 再不　2. A 再不　3. B 再不　4. B 再不　5. B 再不
　　6. A 再不

参考答案　131

才　就

一、1. 就　2. 才/就　3. 才　4. 就　5. 才、就　6. 就　7. 才
　　8. 就　9. 就
二、1. 才　2. 就　3. 才　4. 才　5. 就　6. 才　7. 就　8. 才/就
　　9. 才　10. 就　11. 就　12. 就

才　只

一、1. 才　2. 只　3. 才、才　4. 才/只　5. 只　6. 才　7. 只
　　8. 才
二、1. A才/只　2. A只　3. B才　4. A才/只　5. A只　6. B才
　　7. A只　8. A才/只

差　坏

一、1. 坏　2. 差/坏　3. 差　4. 差　5. 坏　6. 差　7. 坏
　　8. 坏
二、1. 不好　2. 坏　3. 不差　4. 不坏　5. 差　6. 没坏

长　远

一、1. 长　2. 长　3. 远　4. 长　5. 远　6. 远　7. 长/远
　　8. 长　9. 远
二、1. 长长的　2. 远远的　3. 远远　4. 多长　5. 多远　6. 两米长

长　久

一、1. 久　2. 久　3. 久　4. 长　5. 长/久　6. 长　7. 久
二、1. 久　2. 久　3. 远　4. 长　5. 长　6. 长　7. 远　8. 长/久
　　9. 远

常常　经常

一、1. 常常/经常　2. 经常　3. 常常/经常　4. 常常/经常
　　5. 常常/经常　6. 经常　7. 经常
二、1. 常常吃　2. 不经常　3. 经常不经常　4. 经常复习
　　5. 经常见面

词　词语

一、1. 词/词语　2. 词语　3. 词语　4. 词　5. 词/词语
　　6. 词/词语　7. 词　8. 词
二、1. 词的用法　2. 词的读音　3. 常用词语　4. 词语练习
　　5. 多少生词

次　回

一、1. 次/回　2. 次　3. 次/回　4. 次/回　5. 回　6. 回
　　7. 次/回　8. 次/回　9. 次　10. 次
二、1. 一会儿/一下　2. 一下　3. 一次/一回　4. 一次　5. 一回
　　6. 一会儿/一下　7. 一次

除了……都……　除了……也……

一、1. 除了、也　2. 除了、也　3. 除了、也　4. 除了、都
　　5. 除了、都/也　6. 除了、都　7. 除了、也
　　8. 除了、也　9. 除了、都/也
二、1. 除了西藏和新疆，其他地方我都去过了。
　　2. 除了玛丽，我们班同学都去过北京。
　　3. 除了星期一和星期二，其他几天我们都没有口语课。
　　4. 除了流行音乐，古典音乐我也喜欢。
　　5. 除了北京、上海，西安他们也去过。
　　6. 除了玛丽，杰克也去过北京。

7. 这次考试，除了阿里，其他同学都考得不错。
8. 除了美国，英国和法国我也去过。

除了……还……　除了……也……
一、1. 除了、也　2. 除了、还/也　3. 除了、也　4. 除了、还/也
　　5. 除了、还/也　6. 除了、还/也　7. 除了、还/也
　　8. 除了、也
二、1. 还/也　2. 都　3. 都　4. 也　5. 都　6. 还/也　7. 都
　　8. 还/也　9. 也

打开　开
一、1. 打开/开　2. 开　3. 开　4. 打开　5. 开　6. 打开/开
　　7. 打开　8. 打开
二、1. 开　2. 打开　3. 开　4. 打开/开开　5. 开　6. 打开/开开
　　7. 打开/开开

打算　想
一、1. 想、打算　2. 想　3. 想　4. 打算/想　5. 想　6. 打算　7. 想
　　8. 打算
二、1. 什么打算　2. 打不打算　3. 想清楚　4. 想一想
　　5. 一个打算　6. 很想　7. 我的打算

打算　准备
一、1. 准备　2. 准备　3. 打算/准备　4. 打算　5. 打算　6. 准备
　　7. 打算/准备
二、1. 打算/准备/想　2. 想　3. 想　4. 想　5. 准备　6. 打算
　　7. 打算　8. 想　9. 准备　10. 想　11. 想

的　地　得

一、1. 地　2. 地　3. 得　4. 的　5. 得　6. 的　7. 地　8. 得　9. 的

二、1. 的　2. 的　3. 的　4. 得　5. 的　6. 的　7. 得　8. 得　9. 的　10. 的　11. 的　12. 地　13. 的　14. 得　15. 地

地点　地方

一、1. 地方　2. 地点/地方　3. 地方、地方　4. 地点/地方　5. 地方　6. 地点

二、1. A 地方　2. B 地方　3. A 地点　4. A 地方　5. B 地方　6. B 地点

点　点钟

一、1. 点/点钟　2. 点/点钟　3. 点　4. 点　5. 点　6. 点　7. 点/点钟　8. 点/点钟　9. 点　10. 点/点钟

二、1. 点　2. 点　3. 点/点钟　4. 点　5. 点/点钟　6. 点　7. 点　8. 点　9. 点/点钟

懂　明白

一、1. 懂/明白　2. 懂/明白　3. 懂/明白　4. 懂/明白　5. 懂　6. 明白　7. 明白　8. 懂、懂　9. 懂　10. 明白

二、1. 没听懂/不明白　2. 很明白　3. 明白　4. 懂不懂　5. 懂、懂　6. 不明白　7. 明明白白

锻炼　运动

一、1. 运动　2. 运动　3. 锻炼　4. 锻炼　5. 运动　6. 锻炼/运动　7. 运动

二、1. 锻炼/运动　2. 锻炼/运动　3. 锻炼　4. 运动　5. 运动

6. 锻炼 7. 锻炼/运动

对　跟

一、1. 跟 2. 跟 3. 对/跟 4. 对/跟 5. 对 6. 对 7. 跟 8. 对
二、1. A 跟 2. B 跟 3. B 对 4. B 对 5. A 对/跟 6. A 对
　　7. A 跟 8. B 跟

对　双

一、1. 双 2. 对/双 3. 对/双 4. 对 5. 对 6. 双、对/双
　　7. 双 8. 对
二、1. 套 2. 只、只 3. 对 4. 双、双 5. 只 6. 对/个
　　7. 个、个 8. 对

对　向

一、1. 向、向 2. 向 3. 对 4. 对/向 5. 对、对/向 6. 对
二、1. 从 2. 向 3. 跟/向 4. 从 5. 跟 6. 对/跟/向
　　7. 对 8. 对

多　多么

一、1. 多/多么 2. 多 3. 多么 4. 多/多么 5. 多
　　6. 多/多么 7. 多 8. 多/多么
二、1. 多么 2. 几 3. 多 4. 多/几 5. 多/多么 6. 多少
　　7. 多少/几 8. 多/多么

多少　几

一、1. 多少 2. 多少/几、多少 3. 多少 4. 多少/几 5. 多少
　　6. 多少/几 7. 多少 8. 多少/几
二、1. 几天 2. 多少钱 3. 几年 4. 多少人 5. 多少 6. 几个

二 两
一、1. 二 2. 两 3. 两 4. 二/两 5. 两 6. 两
二、1. 两 2. 两 3. 两 4. 两 5. 两 6. 两 7. 两 8. 二
9. 二/两 10. 两 11. 两 12. 两 13. 两 14. 二 15. 二
16. 二/两

发现 看见
一、1. 发现/看见 2. 看见 3. 发现 4. 看见 5. 看见、发现
6. 发现 7. 发现
二、1. 看见 2. 看见 3. 发现 4. 发现 5. 发现/看见

房间 房子
一、1. 房子 2. 房子、房子 3. 房间、房间 4. 房子 5. 房间
6. 房间
二、1. 房子 2. 房子 3. 房子 4. 房间 5. 房间 6. 房间
7. 房间

房子 家
一、1. 家 2. 房子/家 3. 房子 4. 家 5. 家 6. 房子/家
二、1. 房间 2. 买房子 3. 家 4. 家里/家 5. 房子
6. 房子里/房子

非常 极
一、1. 非常/极 2. 非常/极 3. 非常/极 4. 极 5. 极
6. 非常/极 7. 极 8. 非常
二、1. 极 2. 很/极 3. 太 4. 极 5. 太 6. 很
7. 很/极/非常 8. 非常/很

参考答案 137

肥 胖

一、1. 肥 2. 胖、肥 3. 肥 4. 胖 5. 胖 6. 肥/胖 7. 胖 8. 肥

二、1. 太肥 2. 胖乎乎 3. 胖了五斤 4. 很胖 5. 肥大 6. 肥不肥 7. 胖起来

分 分钟

一、1. 分钟 2. 分钟 3. 分 4. 分钟 5. 分 6. 分钟 7. 分/分钟

二、1. 分 2. 分钟 3. 分 4. 分钟 5. 分 6. 分钟

高兴 快乐

一、1. 高兴/快乐 2. 快乐 3. 高兴 4. 快乐 5. 高兴 6. 高兴 7. 高兴 8. 快乐

二、1. 快乐 2. 高兴 3. 高兴 4. 快乐 5. 快乐 6. 高兴/快乐 7. 高兴

个 位

一、1. 个/位 2. 个 3. 位 4. 个 5. 位 6. 位 7. 个 8. 个 9. 个/位 10. 个/位

二、1. 各位 2. 几个 3. 多少个 4. 哪位 5. 几位 6. 这个

给 为

一、1. 给 2. 为 3. 给/为 4. 给 5. 给/为 6. 为 7. 给 8. 给/为

二、1. 向 2. 跟、跟 3. 给 4. 为 5. 跟 6. 对 7. 为 8. 给

跟 和
一、1. 跟/和 2. 跟/和 3. 跟 4. 跟 5. 跟/和 6. 和
7. 跟/和 8. 跟 9. 和 10. 跟
二、1. 跟 2. 对 3. 对/跟 4. 跟/和 5. 给 6. 跟/和
7. 给 8. 给/跟

跟……一样　像……一样
一、1. 跟、一样 2. 跟/像一样 3. 跟/像、一样 4. 跟/像、一样
5. 跟、一样 6. 跟/像、一样 7. 跟、一样 8. 跟/像一样
二、1. 玛丽跟他一样很会跳舞。
2. 这儿的冬天跟我的家乡一样冷。
3. 我对你的爱就像/跟海一样深。
4. 阿里的汉语说得跟中国人一样好。
5. 大卫跟我一样，做事很细心。/大卫做事跟我一样细心。

更 还
一、1. 更/还 2. 更/还 3. 还 4. 还 5. 更/还 6. 还 7. 更
二、1. B 更 2. B 还 3. B 更 4. B 更 5. A 还 6. B 还

关心　照顾
一、1. 关心 2. 照顾 3. 关心 4. 照顾 5. 照顾 6. 关心/照顾
7. 照顾
二、1. 照顾 2. 照顾 3. 关心 4. 照顾 5. 照顾

国　国家
一、1. 国家 2. 国 3. 国 4. 国/国家、国/国家 5. 国家
6. 国家
二、1. 国 2. 国 3. 国 4. 国 5. 国 6. 国 7. 国家

8. 国家 9. 国

国外 外国
一、1. 国外/外国 2. 国外/外国 3. 国外 4. 国外 5. 外国
　　6. 国外/外国
二、1. 国外/外国 2. 外国 3. 外国 4. 外国 5. 外国 6. 外国

~过来 ~过去
一、1. 过来 2. 过来 3. 过去 4. 过来 5. 过去 6. 过来
　　7. 过去 8. 过来
二、1. 骗过去 2. 醒过来 3. 昏过去 4. 明白过来 5. 忙得过来
　　6. 改过来 7. 数不过来

过去 以前
一、1. 以前 2. 过去/以前 3. 过去/以前 4. 过去、过去
　　5. 过去 6. 过去/以前 7. 以前 8. 以前
二、1. B 过去 2. A 过去 3. B 以前 4. B 以前 5. B 过去
　　6. A 以前 7. A 过去 8. B 过去/以前

过 了
一、1. 过/了 2. 了 3. 过 4. 过/了 5. 过 6. 了 7. 了
　　8. 过 9. 了 10. 过/了 11. 了 12. 过/了
二、1. 来了、来了 2. 来过、来过 3. 吃过、吃过 4. 吃了
　　5. 看过 6. 看了
三、1. 我下了班就来找你。
　　2. 刚才下过/了一场雨，你走路要小心。
　　3. 听说他结过婚，后来不知道为什么又离婚了。
　　4. 昨天我去书店买了一本词典。

5. 你妈妈如果听到了这个消息,一定会非常高兴的。
6. 我小时候在那里生活过,所以对那儿很熟悉。

还是　或者

一、1. 或者、或者　2. 还是　3. 或者、或者　4. 还是　5. 还是
　　6. 还是　7. 或者　8. 或者、或者　9. 还是

二、1. A 或者　2. B 或者　3. B 还是　4. B 还是　5. B 或者
　　6. B 还是　7. A 或者　8. B 还是

孩子　小孩儿

一、1. 孩子　2. 孩子　3. 孩子　4. 孩子　5. 孩子/小孩儿
　　6. 孩子　7. 孩子/小孩儿　8. 孩子　9. 孩子/小孩儿、孩子/小孩儿

二、1. 孩子/小孩儿　2. 孩子　3. 孩子　4. 孩子/小孩儿　5. 孩子
　　6. 孩子

害怕　怕

一、1. 害怕/怕、害怕/怕　2. 害怕/怕　3. 怕　4. 害怕/怕
　　5. 害怕/怕　6. 怕　7. 怕　8. 怕

二、1. 怕什么　2. 不怕　3. 别害怕　4. 不害怕　5. 怕不怕

~好　~完

一、1. 好/完　2. 完　3. 好　4. 好　5. 好　6. 好　7. 好/完
　　8. 完

二、1. 做完/写完　2. 说好　3. 收拾完　4. 用完　5. 准备好
　　6. 写完　7. 穿好　8. 打完

好不容易　好容易

一、1. 好不容易/好容易　2. 好不容易/好容易　3. 好不容易

4. 好容易　5. 好不容易　6. 好容易
二、1. 不容易　2. 好容易／好不容易　3. 容易　4. 好容易
　　5. 容易、不容易　6. 不容易

好看　漂亮
一、1. 好看／漂亮　2. 好看／漂亮　3. 好看　4. 漂亮　5. 好看
　　6. 漂亮　7. 漂亮　8. 好看／漂亮
二、1. 很漂亮／真好看　2. 很好看／不好看　3. 不好看
　　4. 真好看／很好看　5. 漂漂亮亮　6. 漂亮的

很　真
一、1. 很／真　2. 很／真　3. 很　4. 很　5. 很　6. 很　7. 很／真
　　8. 很／真
二、1. 真漂亮　2. 很忙　3. 很高兴　4. 真麻烦　5. 真开心
　　6. 很着急

极　最
一、1. 最　2. 极／最　3. 极　4. 最　5. 最　6. 极／最　7. 极／最
　　8. 最
二、1. B 极　2. B 最　3. B 极／最　4. A 极　5. A 最　6. A 最
　　7. B 最　8. B 极

急　着急
一、1. 急　2. 急／着急　3. 急　4. 着急　5. 着急　6. 急、着急
　　7. 急／着急　8. 急
二、1. 急疯了　2. 很着急／着急／急　3. 着急的　4. 着急地
　　5. 真急人　6. 急什么　7. 急　8. 着急

记得　记住

一、1. 记得　2. 记得、记得　3. 记住　4. 记得　5. 记得/记住　6. 记住

二、1. 记得住　2. 记不住　3. 记不住　4. 记住　5. 记不得　6. 记得　7. 记得住　8. 记住

简单　容易

一、1. 简单/容易　2. 容易　3. 简单　4. 容易　5. 容易　6. 简单/容易　7. 简单　8. 容易　9. 容易　10. 简单

二、1. 简单地　2. 很简单　3. 不容易　4. 很容易　5. 不简单　6. 简单的

见　见面

一、1. 见　2. 见　3. 见　4. 见面　5. 见面　6. 见面　7. 见、见　8. 见

二、1. 见过面/见了面/见面　2. 见面　3. 见见　4. 见见面/见面　5. 见到　6. 见了/见过　7. 见了面/见面　8. 见过

讲　说

一、1. 讲/说　2. 说　3. 说　4. 讲　5. 说　6. 讲　7. 讲/说　8. 讲

二、1. 讲　2. 讲　3. 讲　4. 说　5. 讲/说　6. 说　7. 说　8. 讲　9. 说　10. 讲/说

讲话　说话

一、1. 讲话/说话　2. 讲话、讲话　3. 讲话　4. 讲话/说话　5. 讲话/说话　6. 讲话　7. 讲话/说话　8. 讲话

二、1. 说说话　2. 说不出话　3. 讲过一次话　4. 别说话

5．讲几句话　6．说一会儿话

叫　让　使

一、1．叫/让/使　2．叫/让　3．让/使　4．让/使　5．叫/让/使
　　6．叫/让　7．叫/让　8．让
二、1．A叫/让　2．A叫/让　3．A使/让　4．B让/使
　　5．A叫/让　6．B让　7．A叫/让　8．B叫/让/使

教师　老师

一、1．教师　2．老师　3．老师　4．教师　5．教师　6．老师
　　7．老师/教师　8．教师　9．老师　10．老师/教师
二、1．老师们　2．优秀教师　3．教师证　4．老师好　5．教师职业
　　6．家庭教师　7．我的老师

教室　课堂

一、1．教室　2．课堂、课堂　3．课堂　4．课堂　5．教室　6．教室
　　7．课堂　8．教室
二、1．教室　2．教室　3．教室　4．教室　5．教室　6．课堂
　　7．教室　8．教室　9．课堂　10．课堂　11．课堂　12．课堂

街道　路

一、1．路/街道　2．路　3．路　4．路/街道　5．路　6．路
二、1．路　2．路　3．路　4．路　5．路/街道

结束　完

一、1．结束　2．结束　3．完　4．完/结束　5．结束　6．结束
　　7．完/结束　8．结束
二、1．用完　2．说完　3．顺利结束　4．没结束　5．已经结束

旧 老
一、1. 旧/老 2. 老 3. 老 4. 老 5. 旧 6. 旧/老 7. 旧 8. 老
二、1. 老 2. 老 3. 旧/老 4. 老 5. 老 6. 旧 7. 老

就要 快要
一、1. 就要 2. 就要/快要 3. 就要 4. 就要/快要 5. 就要/快要 6. 就要 7. 就要 8. 就要
二、1. A 就要/快要 2. A 就要/快要 3. A 就要 4. B 就要 5. A 就要 6. B 就要 7. B 就要

看 见
一、1. 看 2. 见 3. 见 4. 看 5. 见、见 6. 看 7. 看 8. 看、看
二、1. 见见 2. 看 3. 见 4. 看到 5. 看看 6. 见到 7. 见面

看 看到 看见
一、1. 看 2. 看 3. 看到/看见 4. 看到 5. 看到/看见 6. 看 7. 看到、看到 8. 看
二、1. 看看 2. 看到 3. 看过 4. 看见/看到 5. 见过 6. 见见 7. 见 8. 看/见

考 考试
一、1. 考 2. 考、考 3. 考 4. 考试 5. 考试 6. 考/考试、考/考试 7. 考试 8. 考
二、1. 考试 2. 考 3. 考 4. 考试 5. 考试 6. 考 7. 考试 8. 考 9. 考 10. 考试 11. 考 12. 考 13. 考 14. 考试

来　去

一、1．来　2．去　3．来　4．去　5．去　6．去　7．来　8．来
二、1．发来　2．拿去　3．借来　4．送去　5．打来　6．发去
　　7．送来　8．拿来

老是　总是

一、1．老是/总是　2．总是　3．老是/总是　4．总是　5．总是
　　6．总是　7．总是　8．老是/总是
二、1．B 老是/总是　2．A 老是/总是　3．B 老是/总是　4．A 总是
　　5．B 老是/总是　6．B 总是　7．B 总是　8．B 总是

了解　知道

一、1．了解　2．知道　3．了解/知道　4．了解　5．知道
　　6．知道　7．了解　8．了解/知道　9．知道、了解
二、1．知道不知道　2．了解清楚　3．不知道　4．十分了解
　　5．知道　6．了解一下　7．不了解　8．了解到

慢慢　越来越……

一、1．慢慢　2．慢慢/越来越　3．越来越　4．慢慢/越来越
　　5．慢慢　6．越来越　7．慢慢/越来越　8．慢慢
二、1．慢慢亮　2．越来越瘦　3．慢慢说　4．越来越好　5．越来越冷
　　6．慢慢变快　7．慢慢增加　8．越来越多、越来越少

没关系　没什么　没事儿

一、1．没什么　2．没什么　3．没关系　4．没事儿
　　5．没关系/没事儿　6．没关系/没什么/没事儿
　　7．没关系　8．没事儿　9．没事儿
二、1．别客气　2．不用谢　3．没事儿　4．没关系　5．没什么

6. 没关系 7. 不客气 8. 没事儿

每天 天天

一、1. 每天/天天 2. 每天/天天 3. 每天 4. 天天 5. 每天
6. 天天、天天 7. 每天 8. 每天/天天

二、1. A 每天 2. A 每天 3. B 天天 4. A 每天 5. B 每天
6. B 每天 7. B 每天 8. A 每天/天天

明白 清楚

一、1. 明白/清楚 2. 清楚 3. 明白 4. 明白、明白 5. 清楚
6. 清楚 7. 清楚 8. 明白

二、1. 清清楚楚 2. 听清楚 3. 听不清楚 4. 听明白 5. 听不明白
6. 不清楚 7. 不明白 8. 明明白白/清清楚楚

那 那儿

一、1. 那儿 2. 那 3. 那 4. 那 5. 那儿 6. 那 7. 那
8. 那

二、1. 那儿 2. 那 3. 那 4. 那儿 5. 那 6. 那儿 7. 那

那 那么

一、1. 那/那么 2. 那么 3. 那 4. 那么 5. 那 6. 那么 7. 那
8. 那么

二、1. A 那 2. A 那 3. B 那/那么 4. B 那/那么 5. B 那么
6. A 那么 7. A 那

那边 那里 那儿

一、1. 那里/那儿 2. 那边 3. 那边/那里
4. 那边/那里/那儿 5. 那边/那里/那儿 6. 那边/那儿/那里

7．那边 8．那边
二、1．B 那儿／那里／那边 2．B 那边 3．B 那里／那儿
4．A 那里／那儿 5．B 那边 6．B 那儿／那里／那边

那么 那样
一、1．那样 2．那么／那样 3．那么 4．那样 5．那么／那样
6．那么／那样 7．那样 8．那么
二、1．B 那样 2．A 那么 3．B 那样 4．A 那么
5．A 那么／那样 6．A 那么 7．A 那么／那样

那么 这么
一、1．那么／这么 2．这么 3．那么 4．那么／这么 5．那么
6．那么／这么 7．这么 8．这么
二、1．A 那么 2．A 那么 3．B 那么／这么 4．B 这么 5．B 这么
6．B 那么／这么 7．B 那么／这么 8．A 那么／这么

能 会
一、1．能／会 2．能／会 3．能 4．会 5．能 6．会 7．能
8．会 9．能 10．会 11．能
二、1．能 2．不会 3．会 4．会不会 5．不能 6．能不能

能 可以
一、1．可以 2．能 3．能／可以 4．能 5．能、能 6．可以
7．能 8．能／可以
二、1．会 2．能／会 3．会 4．能／会／可以 5．能 6．能
7．可以 8．会

年 岁

一、1. 岁 2. 年 3. 年、岁 4. 年 5. 年 6. 年

二、1. 年 2. 年 3. 年 4. 岁 5. 年 6. 岁 7. 岁 8. 岁

年轻　年青

一、1. 年轻/年青 2. 年轻 3. 年轻 4. 年轻 5. 年轻/年青
　　6. 年轻/年青 7. 年轻 8. 年轻

二、1. 年轻/年青 2. 年轻 3. 年轻/年青 4. 年轻/年青
　　5. 年轻

努力　认真

一、1. 努力/认真 2. 认真 3. 努力/认真 4. 努力 5. 认真
　　6. 努力 7. 努力

二、1. 认真 2. 认认真真/认真 3. 努力 4. 努一把力
　　5. 努力努力 6. 尽最大努力

女的　女人

一、1. 女的 2. 女人 3. 女的/女人 4. 女人 5. 女的/女人
　　6. 女人 7. 女人 8. 女的

二、1. C 2. B 3. A 4. B 5. A

普通　一般

一、1. 一般 2. 普通 3. 一般 4. 普通 5. 普通/一般
　　6. 普通 7. 普通 8. 一般

二、1. 普通人 2. 普普通通的/普通 3. 一般 4. 很一般
　　5. 一般来说 6. 不一般 7. 普通 8. 很普通

参考答案 149

然后　以后

一、1. 以后　2. 然后　3. 以后　4. 以后　5. 然后　6. 然后
　　7. 以后　8. 然后　9. 以后、以后

二、1. B 以后　2. B 然后　3. A 以后　4. A 以后　5. B 然后
　　6. A 以后　7. B 然后　8. B 然后

认识　知道

一、1. 知道　2. 认识　3. 认识　4. 知道、认识　5. 知道　6. 认识
　　7. 认识　8. 认识

二、1. 不知道　2. 认识一下　3. 不了解　4. 最了解
　　5. 知道　6. 了解　7. 不认识　8. 认识

认为　觉得

一、1. 认为/觉得　2. 认为　3. 觉得　4. 认为　5. 认为　6. 觉得
　　7. 认为/觉得　8. 觉得　9. 认为/觉得

二、1. 我觉得　2. 一点儿也不觉得　3. 被认为　4. 一直觉得
　　5. 科学家认为　6. 觉得　7. 认为

认为　以为

一、1. 认为　2. 以为　3. 以为　4. 以为/认为　5. 以为
　　6. 以为/认为　7. 认为　8. 认为

二、1. 认为　2. 以为/认为　3. 觉得　4. 以为　5. 觉得
　　6. 觉得　7. 以为　8. 认为

日　号

一、1. 日/号　2. 号　3. 日　4. 号　5. 日/号、日/号
　　6. 日、日　7. 日

二、1. 五日/五号、几日　2. 几日/五号　3. 几日　4. 五号

5. 多少号/几号 6. 每日

日 天
一、1. 天 2. 天 3. 日/天 4. 天 5. 日 6. 日 7. 天
二、1. 天 2. 日/天 3. 天 4. 天 5. 天 6. 天 7. 天
   8. 日

时候 时间
一、1. 时候/时间 2. 时候 3. 时间 4. 时间 5. 时候 6. 时间
   7. 时候/时间 8. 时候
二、1. 多长时间 2. 开始的时候 3. 没时间 4. 那时候 5. 小时候
   6. 到时候 7. 一段时间 8. 时间短

事 事情
一、1. 事情 2. 事/事情 3. 事情 4. 事 5. 事 6. 事/事情
   7. 事情 8. 事
二、1. 事情的经过 2. 麻烦事 3. 开心事 4. 一件小事
   5. 这种事情

睡 睡觉
一、1. 睡/睡觉 2. 睡/睡觉 3. 睡 4. 睡/睡觉 5. 睡 6. 睡
   7. 睡 8. 睡 9. 睡觉 10. 睡觉
二、1. 睡不着觉 2. 睡 3. 睡到 4. 睡一会儿 5. 没睡好 6. 睡觉
   7. 在睡觉

他 她 它
一、1. 他 2. 她 3. 它 4. 他 5. 它 6. 他 7. 他 8. 她
二、1. 它 2. 他 3. 她 4. 它们 5. 他们 6. 她们/它们

参考答案   151

太　真
一、1. 太/真 2. 太/真 3. 太 4. 太 5. 真 6. 真 7. 太
　　8. 太 9. 太
二、1. 非常/很/极 2. 太 3. 太 4. 非常/很/极
　　5. 非常/很/极 6. 极 7. 真 8. 很/太、很/太

听　听到　听见
一、1. 听到 2. 听 3. 听到 4. 听到/听见 5. 听
　　6. 听到/听见 7. 听 8. 听到/听见
二、1. 听见没有 2. 没听过 3. 听得很清楚 4. 没听到
　　5. 不听 6. 听一会儿 7. 听不见 8. 听得到

同学　学生
一、1. 同学 2. 学生 3. 同学 4. 同学 5. 学生 6. 同学
　　7. 同学/学生
二、1. 同学 2. 学生 3. 学生 4. 学生 5. 同学 6. 同学
　　7. 学生

完　完成
一、1. 完 2. 完 3. 完成 4. 完成 5. 完 6. 完成 7. 完
　　8. 完 9. 完
二、1. 完 2. 完 3. 完 4. 完成 5. 完成 6. 完 7. 完成
　　8. 完

忘　忘记
一、1. 忘 2. 忘/忘记 3. 忘记 4. 忘记 5. 忘 6. 忘记
　　7. 忘 8. 忘
二、1. 忘不了 2. 难以忘记 3. 忘掉 4. 令人难忘 5. 忘记过去

6. 不会忘记/忘不了   7. 忘记时间   8. 忘得快

为　为了
一、1. 为了 2. 为了 3. 为 4. 为/为了 5. 为了 6. 为/为了
　　7. 为 8. 为了
二、1. B 为 2. A 为了 3. B 为了 4. B 为 5. A 为了 6. A 为了

为了　因为
一、1. 因为 2. 为了/因为 3. 为了 4. 为了/因为 5. 为了
　　6. 为了/因为 7. 因为 8. 因为
二、1. B 因为 2. B 为了/因为 3. A 为了 4. B 为了 5. B 因为
　　6. B 因为

希望　愿意
一、1. 希望/愿意 2. 愿意、愿意 3. 希望 4. 希望 5. 希望
　　6. 愿意 7. 愿意、愿意 8. 希望
二、1. 希望 2. 希望 3. 希望 4. 愿意 5. 愿意 6. 愿意
　　7. 希望

希望　祝
一、1. 希望/祝 2. 希望 3. 希望 4. 祝 5. 希望 6. 希望
　　7. 祝 8. 希望
二、1. A 2. A 3. C 4. A 5. B 6. B

~下来　~下去
一、1. 下来 2. 下去 3. 下去 4. 下去 5. 下来 6. 下去
　　7. 下去 8. 下来 9. 下来
二、1. B 下去 2. B 下去 3. B 下去 4. A 下来 5. A 下来

6．B 下来

相同　一样
一、1．相同/一样　2．相同/一样　3．一样　4．一样
5．相同/一样、相同/一样　6．一样　7．相同、相同　8．一样
9．一样
二、1．不一样　2．相同点　3．相同的　4．一样高　5．一样
6．不相同

想　要
一、1．想/要　2．要　3．要　4．想　5．想　6．想　7．想
8．要
二、1．要　2．要　3．想　4．要　5．要　6．要　7．想　8．想

想　愿意
一、1．想　2．想、想/愿意　3．想　4．想　5．想/愿意
6．想/愿意　7．愿意　8．想、愿意
二、1．想　2．想　3．想　4．想　5．想/愿意　6．想　7．想/愿意

想出来　想起来
一、1．想起来　2．想起来　3．想出来　4．想出来　5．想起来
6．想、起来　7．想出来　8．想起来
二、1．想起来　2．想出来　3．想不出来　4．想起来　5．想不起来
6．想不起来　7．想出来

小时　钟头
一、1．小时/钟头　2．小时　3．小时　4．小时/钟头　5．小时
6．小时

二、1. 小时/钟头 2. 小时/钟头 3. 小时/钟头 4. 小时/钟头
　　5. 小时 6. 小时

小心　注意
一、1. 注意 2. 注意 3. 小心/注意 4. 注意 5. 小心 6. 注意
　　7. 小心
二、1. 小心 2. 不小心 3. 小心/注意 4. 注意 5. 没注意
　　6. 不注意

新　新鲜
一、1. 新 2. 新鲜 3. 新/新鲜 4. 新 5. 新鲜 6. 新鲜
二、1. 新鲜 2. 很新 3. 新 4. 新朋友 5. 不新鲜 6. 很新鲜

需要　要
一、1. 需要 2. 需要 3. 需要/要 4. 要 5. 要 6. 需要/要
　　7. 要
二、1. 要 2. 要 3. 需要/要 4. 需要 5. 要 6. 需要 7. 需要

学　学习
一、1. 学/学习 2. 学习 3. 学 4. 学/学习 5. 学/学习
　　6. 学 7. 学习 8. 学习
二、1. 学不好 2. 学好 3. 爱学习 4. 学得很好 5. 学习成绩
　　6. 学一学 7. 学会 8. 学习方法

要　要求
一、1. 要求 2. 要求 3. 要 4. 要/要求 5. 要 6. 要/要求
　　7. 要、要
二、1. 不要求 2. 要求 3. 没要求 4. 没要 5. 不要 6. 要、要

也　又

一、1. 也/又　2. 又　3. 也/又　4. 也　5. 又、又　6. 也、也
　　7. 也　8. 又

二、1. B 也　2. B 又　3. A 也　4. A 也　5. A 又　6. B 又

一点儿　一些

一、1. 一点儿/一些　2. 一些　3. 一点儿　4. 一些　5. 一些
　　6. 一点儿/一些、一点儿/一些　7. 一些

二、1. B 一点儿/一些　2. B 一点儿/一些　3. B 一些　4. A 一点儿
　　5. A 一点儿　6. B 一点儿/一些

一点儿　有点儿

一、1. 有点儿、一点儿　2. 有点儿　3. 有点儿、一点儿　4. 有点儿
　　5. 一点儿　6. 一点儿　7. 一点儿　8. 一点儿

二、1. A 有点儿　2. A 有点儿　3. B 一点儿　4. B 一点儿
　　5. A 有点儿　6. B 一点儿　7. B 有点儿　8. A 一点儿

一块儿　一齐　一起

一、1. 一块儿/一起　2. 一齐/一起、一齐/一起
　　3. 一块儿/一起　4. 一起　5. 一起　6. 一块儿/一起
　　7. 一块儿/一起、一块儿/一起　8. 一齐　9. 一齐/一起

二、1. 一块儿/一起　2. 一块儿/一起　3. 一块儿/一起
　　4. 一块儿/一齐/一起　5. 一块儿/一齐/一起　6. 一块儿/一起

一些　有些

一、1. 有些　2. 有些　3. 一些　4. 一些　5. 一些/有些、一些/有些
　　6. 有些　7. 一些　8. 一些

二、1. 有些　2. 有些　3. 一些　4. 一些　5. 一些　6. 有些

一直　总是

一、1. 一直　2. 一直　3. 总是　4. 一直　5. 一直　6. 总是
　　7. 一直/总是　8. 总是

二、1. B 总是　2. A 总是　3. A 一直　4. B 一直/总是　5. A 一直
　　6. A 总是　7. B 一直

有的　有些

一、1. 有些　2. 有些　3. 有些　4. 有的/有些
　　5. 有的/有些、有的/有些　6. 有的、有的　7. 有的/有些

二、1. 我有些不舒服。
　　2. 有的/有些喜欢踢足球，有的/有些喜欢打篮球。
　　3. 我觉得有些不太方便。
　　4. 我有些事情要跟你商量。
　　5. 有的/有些认识，有的/有些不认识。

有点儿　有些

一、1. 有点儿/有些　2. 有点儿/有些　3. 有些　4. 有些
　　5. 有点儿/有些　6. 有些　7. 有些

二、1. 有些　2. 一点儿/一些　3. 一点儿/一些　4. 一点儿
　　5. 一些　6. 有点儿/有些　7. 有的/有些
　　8. 有的、有的、有的

又　再

一、1. 又　2. 再　3. 再　4. 又　5. 又　6. 又/再　7. 再
　　8. 再

二、1. A 再　2. B 再　3. B 又/再　4. B 再　5. B 再　6. B 再
　　7. A 又　8. A 又

三、1. 又　2. 又　3. 再　4. 又　5. 再

越……越……　越来越……
一、1. 越来越　2. 越、越　3. 越、越　4. 越来越　5. 越来越
　　6. 越、越　7. 越、越　8. 越来越
二、1. 越来越贵　2. 越看越喜欢　3. 越贵越好　4. 越来越热
　　5. 越来越糟　6. 越想越难过

在　正在
一、1. 在　2. 正在　3. 在　4. 在　5. 在/正在　6. 在、在
　　7. 在　8. 在　9. 在　10. 正在
二、1. A 正在　2. B 在/正在　3. A 在　4. B 在　5. A 在/正在
　　6. B 在

怎么　为什么
一、1. 怎么　2. 为什么　3. 怎么/为什么　4. 怎么　5. 怎么
　　6. 为什么　7. 为什么、为什么　8. 怎么/为什么　9. 怎么
二、1. 怎么　2. 怎么/为什么　3. 怎么　4. 怎么　5. 怎么
　　6. 怎么　7. 为什么

怎么　怎么样
一、1. 怎么/怎么样　2. 怎么　3. 怎么样　4. 怎么样　5. 怎么
　　6. 怎么　7. 怎么样　8. 怎么样
二、1. 为什么　2. 怎么样　3. 怎么　4. 怎么办　5. 怎么了
　　6. 玩儿得怎么样

中　中间
一、1. 中　2. 中间　3. 中　4. 中间　5. 中　6. 中/中间
　　7. 中间　8. 中
二、1. B 中　2. A 中间　3. B 中/中间　4. B 中/中间　5. B 中

6．A 中间

重要　主要
一、1．重要　2．重要/主要　3．重要　4．主要　5．重要　6．重要/主要　7．主要　8．重要、重要
二、1．最主要的　2．重要　3．重要的是　4．这么重要　5．主要　6．最重要　7．主要是

住　住在
一、1．住　2．住/住在　3．住　4．住/住在　5．住、住　6．住　7．住
二、1．住　2．住/住在　3．住/住在　4．住　5．住　6．住